한자능력 검정시험 대비

초등학생을 위한

5급 한자

심경석 엮음 · 이명선 그림

지경사

한자는 어떤 글자인가

한자는 왜 배우나

한자(漢字)는 중국 글자입니다. 중국은 동양에서 가장 먼저 문화가 발달하였습니다. 한자는 글자가 없던 우리 나라와 일본에서 많이 사용하게 되었습니다. 그 후 우리 나라에는 '한글'이 만들어졌고, 일본에는 '가나'라는 글자가 만들어졌지만 한자를 없앨 수가 없었습니다. 너무 오랜 동안 사용해 왔기 때문에 한자는 우리 나라 말이나 일본 말의 중심을 이루었습니다.

영어의 '컵'이나 '피아노'란 말을 오래 사용하다 보면 외래어가 자기 나라 말로 굳어지는 것과 같은 이치입니다.

중국과 우리 나라, 일본은 한자 문화권이 이루어졌습니다. 학문을 연구하더라도 한자를 모르면 깊이 들어가지 못하는 경우가 많습니다. 그리고 중등 교육과 고등 교육 과정에서는 한자를 모르면 이해하기 어렵습니다. 더군다나 중국이 세계의 경제 대국이 되면서 가까운 이웃인 우리 나라와 일본은 더욱 한자를 멀리 할 수 없게 되었습니다. 지금도 여러 회사에서 중국어를 잘 하거나 한자 실력이 있는 사람을 구하는 형편입니다.

한국 어문회(한국 한자능력 검정회)에서 '한자능력 검정시험'을 통해 급수 자격을 주는 제도를 만든 것도 한자 교육을 잘 하자는 뜻에서 이루어졌습니다. 이 자격을 입학 시험에서 가산점을 주는 대학도 늘고 있고, 취직 시험에서 가산점을 주는 회사도 늘고 있습니다. 이런 점에서 '한자능력 검정시험' 공부를 한다는 것은 급수 자격을 딸 수 있어서뿐만 아니라 중등 교육 고등 교육을 받는 데 한자 실력이 앞서 갈 수 있어서 좋습니다.

뜻글자

한글이나 영어나 가나는 소리를 나타내는 소리글자이고 한자는 뜻을 나타내는 뜻글자입니다. 각 글자마다 뜻을 가지고 있어서 배우기 쉽습니다. 영어는 26자, 한글은 24자로 여러 가지 낱말을 만들어 내지만 한자는 새로운 것이 생길 때마다 그 뜻으로 글자를 만들어 5만 자가 넘습니다.

훈/음	내 천	사람 인	달 월	불 화	메 산
한자	川	人	月	火	山
뜻	내	사람	달	불	메(산)

한자의 훈과 음

한자는 훈음(訓音)으로 배웁니다. 훈은 뜻이고 음은 그 글자를 읽는 소리입니다. 大는 '큰 대'라고 배웁니다. '큰(크다)'은 훈(뜻)이고 '대'는 음(소리)입니다. 또한 '人(사람 인)'에서 '사람'은 훈이고 '인'은 음입니다. 두 글자를 합친 大人의 훈은 '큰 사람'이고 읽을 때는 '대인'이라고 읽습니다. 어른이라는 말입니다.

天 (훈)하늘 (음)천	馬 (훈)말 (음)마	牛 (훈)소 (음)우	雨 (훈)비 (음)우
하늘 천	말 마	소 우	비 우

뜻이 많은 한자

한자에는 여러 가지 뜻이 있는 글자가 있습니다. 少(소)는 '젊을 소'도 되고 '적을 소'도 됩니다. 사내아이(少年 : 소년)라고 할 때는 '젊을 소'가 되고 적은 분량(少量 : 소량)을 말할 때는 '적을 소'가 됩니다.

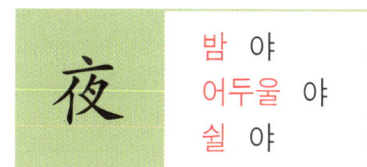

음이 다른 한자

惡(악할 악)은 대부분 '악'으로 읽습니다. 그런데 '미워하다'라는 뜻으로 쓰일 때는 '오'로 읽습니다. 惡人(악인 : 나쁜 사람)일 때는 '악'이지만 憎惡(증오 : 몹시 미워하다)일 때는 '오'로 읽습니다.

惡	人	憎	惡	降	伏	降	下
악할 악	사람 인	미워할 증	미워할 오	항복할 항	엎드릴 복	내릴 강	아래 하

한자의 획수

한자는 획수를 바르게 알아야 합니다. 한자를 공부하려고 자전(字典)이나 옥편(玉篇)을 찾으려면 획수를 정확하게 알아야 합니다.
川(내 천)은 3획이라는 것을 바로 알 수 있습니다. 그러나 日(날 일)의 경우 5획이 아니고 4획입니다.

大	木	田	西
큰 대	나무 목	밭 전	서녘 서
一ナ大	一十才木	丨冂冊用田	一冂冂西西西
3획	4획	5획	6획

간단히 쓰는 약자

한자는 획수가 많으면 쓰는 데 시간이 오래 걸립니다. 글자는 뜻을 전하는 기호이므로 간단히 쓸 수 있다면 간단히 써야 합니다. 중국·일본·우리나라에서는 간단히 쓰는 약자를 쓰고 있습니다.

나라 국	배울 학	예도 례	올 래	보배 보	몸 체	일만 만
國	學	禮	來	寶	體	萬
国	学	礼	来	宝	体	万

한자의 필순

한자는 획수가 복잡한 글자입니다.
그러므로 정해진 필순에 따라 써야 합니다. 한자는 일정한 필순이 있습니다.

가로 긋고 세로 내리고	十	十 十
왼쪽에서 오른쪽으로	川	丿 丿丨 川
위에서 아래로	氵	丶 冫 氵
중심에서 좌우로	小	亅 小 小
바깥에서 안으로	同	丨 冂 同 同 同 同
가로 긋고 삐침	尢	一 尢
왼쪽 삐침 먼저 오른쪽 삐침 나중	父	丶 父 父 父
맨 끝에 꿰뚫는 획	中	丨 口 口 中

한자의 부수

한글을 국어 사전에서 찾을 때는 '가나다' 순으로 찾습니다. 옥편에서 한자를 찾을 때는 부수와 획수로 찾습니다. 많은 한자는 부수로 분류하고 있습니다.
부수 木(나무 목)이 붙은 글자는 나무와 관계가 있는 글자입니다.
부수가 붙는 자리는 대체로 일곱 종류로 나눌 수 있습니다.

부수의 자리

변 (왼쪽)		休 쉴 휴	銀 은 은	湖 호수 호	好 좋을 호	記 기록할 기
방 (오른쪽)		動 움직일 동	頭 머리 두	放 놓을 방	幼 어릴 유	顔 얼굴 안
머리 (위)		家 집 가	花 꽃 화	電 번개 전	室 집 실	草 풀 초
발 (아래)		思 생각 사	悲 슬플 비	照 비칠 조	熱 더울 열	怒 성낼 노
엄 (위·왼쪽)		庭 뜰 정	店 가게 점	床 상 상	居 살 거	房 방 방
받침 (왼쪽·아래)		速 빠를 속	道 길 도	延 끌 연	廷 조정 정	建 세울 건
몸 (둘레)		國 나라 국	圖 그림 도	園 동산 원	困 어려울 곤	圓 둥글 원

제 1 과
운 동

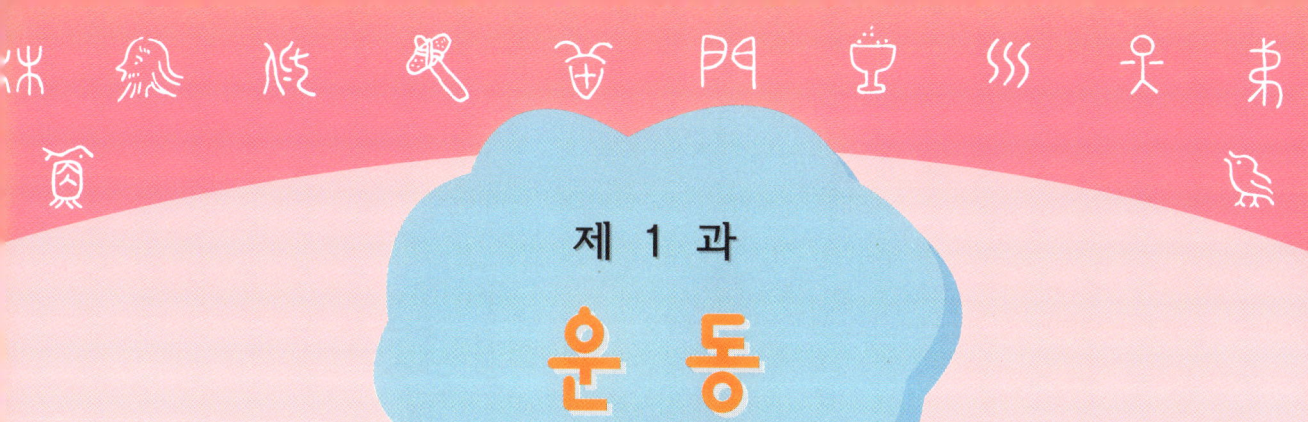

競技
다툴 경 재주 기

規則
법 규 법칙 칙/곧 즉

團結
둥글 단 맺을 결

參加
참여할 참/석 삼 더할 가

健兒
굳셀 건 아이 아

賞品
상줄 상 물건 품

完敗
완전할 완 패할 패

5급 한자 (1~2)

競 다툴 경
부수: 立

競技(경기) 기술이나 능력을 겨룸.
競合(경합) 서로 맞서 겨룸.
競爭(경쟁) 같은 목적을 두고 서로 겨루어 다툼.

技 재주 기
부수: 手(扌)

技術(기술) 만드는 재주 또는 솜씨.
技能(기능) 기술적인 능력이나 재능.
特技(특기) 특별한 기술이나 능력.
球技(구기) 공을 사용하는 운동 경기.

✏️ 丶 亠 ㅗ 立 产 咅 咅 竒 竟 竞 䨱 競

競	競	競	競	競	競	競
다툴 경						

✏️ 一 十 扌 扩 扌 抟 技

技	技	技	技	技	技	技
재주 기						

5급 한자 (3~4)

規 법**규**
부수: 見

則 법칙 **칙** / 곧 **즉**
부수: 刀(刂)

法規(법규) 법으로 정한 규칙.
規定(규정) 규칙을 정함. 정해진 규칙.
規格(규격) 일정한 규정에 맞는 격식.

規則(규칙) 다같이 지키기로 한 법칙.
法則(법칙) 꼭 지켜야 하는 규범.
原則(원칙) 근본이 되는 법칙.
內則(내칙) 내부의 규칙.

✏️ 一 二 ‡ 夫 刧 却 却 担 掛 規 規

規	規	規	規	規	規	規
법 규						

✏️ 丨 冂 冂 月 目 貝 貝 則 則

則	則	則	則	則	則	則
법칙 칙/곧 즉						

5급 한자 (5~6)

團 둥글 단
부수: 囗

結 맺을 결
부수: 糸

團結(단결) 여럿이 한 마음으로 뭉침.
團體(단체) 한 목적으로 모인 집단.
團長(단장) 단체의 우두머리.
團合(단합) 여럿이 한데 뭉침.

結合(결합) 서로 맺어져 합침.
結果(결과) 이루어진 결말의 상태.
結實(결실) 열매를 맺음. 이루어진 결과.

✏ 丨 冂 冂 冃 同 同 同 甫 甬 甯 團 團 團

團	團	團	團	團	團	團
둥글 단						

✏ 乚 乡 幺 乡 糸 糸 紶 紶 紶 結 結

結	結	結	結	結	結	結
맺을 결						

5급 한자 (7~8)

參 참여할 참 / 석 삼
부수: ㅿ

參加(참가) 모임이나 단체에 참여함.
參席(참석) 어떤 자리에 나감.
參戰(참전) 전쟁에 참가함.
參萬(삼만) 30,000.

加 더할 가
부수: 力

加入(가입) 단체에 들어감.
加速(가속) 속도가 빨라짐.
加重(가중) 더 무거워짐.
加工品(가공품) 인공적으로 만든 제품.

✏️ ㄥ ㄥ ㄥ ㄥ 厽 厽 叅 叅 叅 參 參

參	參	參	參	參	參	參
참여할 참/석 삼						

✏️ フ 力 加 加 加

加	加	加	加	加	加	加
더할 가						

健 굳셀 건
부수: 人(亻)

兒 아이 아
부수: 儿

健兒(건아) 건강하고 씩씩한 사나이.
健全(건전) 튼튼하고 착실함.
健在(건재) 아무 탈 없이 잘 있음.
健食(건식) 가리지 않고 잘 먹음.

兒童(아동) 어린이. 어린 아이.
育兒(육아) 어린 아이를 기름.
女兒(여아) 여자 아이. ↔ 男兒(남아).
新生兒(신생아) 갓난아이.

ノ 亻 亻ㄱ 亻ㅋ 亻ㅋ 亻ㅌ 亻ㅌ 侓 侓 健 健

健	健	健	健	健	健	健
굳셀 건						

′ 亻 𠂉 𠂊 𠂉 臼 兒 兒

兒	兒	兒	兒	兒	兒	兒
아이 아						

5급 한자 (11~12)

賞 상줄 **상**
부수: 貝

品 물건 **품**
부수: 口

大賞(대상) 가장 큰 상.
賞品(상품) 상으로 주는 물건.
賞金(상금) 상으로 주는 돈.

品性(품성) 사람의 됨됨.
品行(품행) 품성과 행실.
品質(품질) 물건의 성질과 바탕.
名品(명품) 뛰어난 물건이나 작품.

✏️ 丨 ⺌ ⺌ ⺌ 酉 酉 酉 酉 酉 堂 當 當 賞 賞

賞	賞	賞	賞	賞	賞	賞
상줄 상						

✏️ 丨 口 口 口 品 品 品 品 品

品	品	品	品	品	品	品
물건 품						

5급 한자 (13~14)

完 완전할 완
부수: 宀

- 完敗(완패) 완전히 패함.
- 完成(완성) 완전히 이룸.
- 完全(완전) 부족함, 결점이 없음.
- 完工(완공) 공사가 끝남. 완성함.

敗 패할 패
부수: 攴(攵)

- 大敗(대패) 싸움이나 경기에서 크게 짐.
- 敗者(패자) 진 사람.
- 勝敗(승패) 이김과 짐.
- 敗北(패배) 싸움이나 겨루는 일에서 짐.

丶 丷 宀 宁 宇 完

完	完	完	完	完	完	完
완전할 완						

丨 冂 冃 月 目 貝 貝 貯 敗 敗

敗	敗	敗	敗	敗	敗	敗
패할 패						

제1과 연습 문제(1)   월   일   평가

◆ 다음 漢字語의 讀音을 쓰세요.

(1) 競技 (　　　)　(2) 競合 (　　　)　(3) 技術 (　　　)
(4) 特技 (　　　)　(5) 球技 (　　　)　(6) 規定 (　　　)
(7) 規則 (　　　)　(8) 團結 (　　　)　(9) 團體 (　　　)
(10) 團長 (　　　)　(11) 團合 (　　　)　(12) 結合 (　　　)
(13) 結果 (　　　)　(14) 結成 (　　　)　(15) 參加 (　　　)
(16) 參席 (　　　)　(17) 參戰 (　　　)　(18) 參萬 (　　　)
(19) 加入 (　　　)　(20) 加速 (　　　)　(21) 健兒 (　　　)
(22) 健在 (　　　)　(23) 健全 (　　　)　(24) 兒童 (　　　)
(25) 育兒 (　　　)　(26) 新生兒 (　　　)　(27) 男兒 (　　　)
(28) 賞品 (　　　)　(29) 賞金 (　　　)　(30) 品性 (　　　)
(31) 名品 (　　　)　(32) 完敗 (　　　)　(33) 完全 (　　　)
(34) 完成 (　　　)　(35) 敗北 (　　　)　(36) 敗者 (　　　)
(37) 大敗 (　　　)　(38) 失敗 (　　　)　(39) 敗戰 (　　　)

◆ 다음의 漢字의 訓과 音을 쓰세요.

(40)	規	
(41)	團	
(42)	加	
(43)	敗	
(44)	競	
(45)	兒	
(46)	品	

(47)	完	
(48)	參	
(49)	技	
(50)	賞	
(51)	則	
(52)	健	
(53)	結	

제1과 연습 문제(2) 　월　　일　평가

◆ 다음 밑줄 친 낱말을 漢字로 쓰세요.

(54) 운동 경기는 <u>규칙</u>을 잘 지켜야 합니다. (　　　)
(55) 선수들은 <u>단결</u>이 잘 되어야 합니다. (　　　)
(56) 우리 학교는 축구 경기에 <u>참가</u>하였습니다. (　　　)
(57) 배구 경기에 이겨서 <u>상품</u>을 받았습니다. (　　　)
(58) 연습할 시간이 없어서 <u>완패</u>하였습니다. (　　　)
(59) 어린이들은 <u>건전</u>한 놀이를 하였습니다. (　　　)
(60) <u>경기</u>에 진 선수들은 모두 울었습니다. (　　　)
(61) 자동차를 만드는 <u>기술</u>이 뛰어납니다. (　　　)
(62) <u>실패</u>는 성공의 어머니라고 합니다. (　　　)

◆ 다음 漢字와 뜻이 반대가 되는 漢字를 쓰세요.

(63) 敗 ↔ (　　　)

◆ 다음 漢字語의 뜻을 쓰세요.

(64) 團結 (　　　　　) (65) 育兒 (　　　　　)
(66) 失敗 (　　　　　)

제1과 연습 문제 정답

(1) 경기　(2) 경합　(3) 기술　(4) 특기　(5) 구기
(6) 규정　(7) 규칙　(8) 단결　(9) 단체　(10) 단장
(11) 단합　(12) 결합　(13) 결과　(14) 결성　(15) 참가
(16) 참석　(17) 참전　(18) 삼만　(19) 가입　(20) 가속
(21) 건아　(22) 건재　(23) 건전　(24) 아동　(25) 육아
(26) 신생아　(27) 남아　(28) 상품　(29) 상금　(30) 품성
(31) 명품　(32) 완패　(33) 완전　(34) 완성　(35) 패배
(36) 패자　(37) 대패　(38) 실패　(39) 패전　(40) 법 규
(41) 둥글 단　(42) 더할 가　(43) 패할 패　(44) 다툴 경　(45) 아이 아
(46) 물건 품　(47) 완전할 완　(48) 참여할 참/석 삼　(49) 재주 기　(50) 상줄 상
(51) 법칙 칙/곧 즉　(52) 굳셀 건　(53) 맺을 결　(54) 規則　(55) 團結
(56) 參加　(57) 賞品　(58) 完敗　(59) 健全　(60) 競技
(61) 技術　(62) 失敗　(63) 勝　(64) 여럿이 한 마음으로 뭉침
(65) 어린 아이를 기름　(66) 일을 잘못하여 그르침

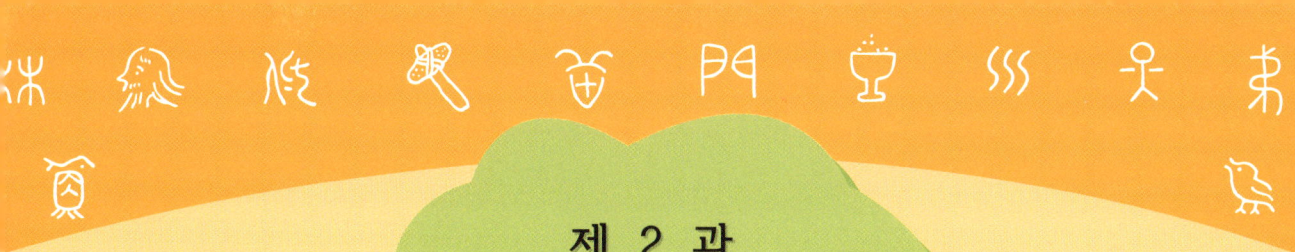

제 2 과
건 설

陸	橋
뭍 륙(육)	다리 교

再	建
두 재	세울 건

材	料
재목 재	헤아릴 료(요)

性	質
성품 성	바탕 질

輕	量
가벼울 경	헤아릴 량(양)

鐵	板
쇠 철	널 판

改	良
고칠 개	어질 량(양)

5급 한자 (15~16)

陸 뭍 륙(육)
부수: 阜(阝)

陸地(육지) 물에 잠기지 않은 지구 표면.
陸軍(육군) 육지에서 싸우는 군대.
大陸(대륙) 넓고 큰 육지.
上陸(상륙) 배에서 육지로 올라감.

橋 다리 교
부수: 木

陸橋(육교) 도로나 철로 위에 놓은 다리.
石橋(석교) 돌다리.
大橋(대교) 큰 다리. 〈예〉 서해 대교.

✏️ ㄱ 阝 阝 阝⁻ 阝⁺ 阹 阹 陎 陸 陸 陸

陸
뭍 륙(육)

✏️ 一 十 才 木 木 木 朽 枦 杯 柝 棒 棒 橋 橋 橋

橋
다리 교

5급 한자 (17~18)

再 두 재
부수: 冂

建 세울 건
부수: 廴

再建(재건) 무너진 것을 다시 세움.
再發(재발) 병이나 일이 다시 생김.
再會(재회) 다시 만남.
再活用(재활용) 폐품을 손질하여 다시 씀.

建國(건국) 나라를 세움.
建物(건물) 집·창고 등의 건축물.
建立(건립) 건물·동상 등을 만들어 세움.

✏️ 一 厂 冂 亓 再 再

再	再	再	再	再	再	再
두 재						

✏️ フ ㅋ ㅋ ㅋ ㅋ 聿 聿 建 建

建	建	建	建	建	建	建
세울 건						

5급 한자 (19~20)

材 재목 재
부수: 木

材料(재료) 물건을 만드는 원료.
材木(재목) 건축 재료가 되는 나무.
教材(교재) 학습에 쓰이는 재료.
木材(목재) 가구나 건축에 쓰이는 나무 재료.

料 헤아릴 료(요)
부수: 斗

料金(요금) 사용한 대가로 치루는 돈.
料理(요리) 음식을 맛있게 만드는 일.
入場料(입장료) 입장할 때 내는 돈.
飲料水(음료수) 마시는 여러 가지 물.

一 十 才 木 material 村 材

材 — 재목 재

丶 丶 二 半 米 米 米 料 料

料 — 헤아릴 료(요)

5급 한자 (21~22)

性 성품 성
부수: 忄

質 바탕 질
부수: 貝

性質(성질) 마음의 본바탕 또는 사물의 특성.
性別(성별) 남성, 여성의 구별.
性格(성격) 사람이 지닌 특유한 성질.
人性(인성) 사람의 성품, 됨됨이.

質問(질문) 의문이나 이유를 캐어물음.
物質(물질) 물건의 본바탕.
體質(체질) 태어날 때부터 지닌 몸의 성질.

✏️ 丶 丷 忄 忄 忙 忙 性 性

性	性	性	性	性	性
성품 성					

✏️ 丶 广 斤 斤 斦 斦 斦 質 質 質 質 質

質	質	質	質	質	質
바탕 질					

5급 한자 (23~24)

輕 가벼울 경
부수: 車

- 輕量(경량) 가벼운 무게. ↔ 重量(중량)
- 輕重(경중) 가벼움과 무거움.
- 輕車(경차) 경승용차. 작은 자동차.

量 헤아릴 량(양)
부수: 里

- 大量(대량) 많은 양.
- 計量(계량) 수량을 헤아림.
- 分量(분량) 수효·부피 등의 크고 작은 정도.
- 重量(중량) 무게. 아주 큰 무게.

一 ㄷ 百 百 白 亘 車 軋 軋 輊 輊 輕 輕

輕 — 가벼울 경

丨 冂 冃 日 旦 旱 昱 昰 昌 量 量 量

量 — 헤아릴 량(양)

5급 한자
(25~26)

鐵 쇠 철
부수: 金

板 널 판
부수: 木

鐵橋(철교) 쇠로 만든 다리.
鐵道(철도) 기차나 전차가 다니는 길.
鐵門(철문) 쇠로 만든 문.
古鐵(고철) 사용했던 낡은 쇠.

鐵板(철판) 쇠로 된 넓은 판.
木板(목판) 나무로 된 널판.(＝木版)
板書(판서) 칠판에 글씨를 씀.
黑板(흑판) 칠판.

金 金 針 針 釷 銈 鉄 銈 鋅 鐽 鐵 鐵 鐵

鐵	鐵	鐵	鐵	鐵	鐵
쇠 철					

一 十 才 木 朾 板 板 板

板	板	板	板	板	板
널 판					

23

5급 한자 (27~28)

改 고칠 개
부수: 攴(攵)

良 어질 량(양)
부수: 艮

改正(개정) 고쳐 바르게 함.
改良(개량) 나쁜 점을 고쳐 좋게 함.
改名(개명) 이름을 고침.

良心(양심) 사람의 착한 마음.
良家(양가) 지체 있는 집안.
善良(선량) 착하고 어짊.
良民(양민) 착한 백성.

✏️ 丁 丆 己 己' 圮 改 改

改	改	改	改	改	改
고칠 개					

✏️ ` 丁 ㅋ ㅋ 戶 艮 良

良	良	良	良	良	良
어질 량(양)					

제2과 연습 문제(1) 　월　일　평가

◆ 다음 漢字語의 讀音을 쓰세요.

(1) 陸地 (　　)　(2) 陸軍 (　　)　(3) 大陸 (　　)
(4) 上陸 (　　)　(5) 陸橋 (　　)　(6) 石橋 (　　)
(7) 大橋 (　　)　(8) 再建 (　　)　(9) 再發 (　　)
(10) 再會 (　　)　(11) 建國 (　　)　(12) 再活用 (　　)
(13) 建物 (　　)　(14) 建立 (　　)　(15) 材料 (　　)
(16) 材木 (　　)　(17) 敎材 (　　)　(18) 木材 (　　)
(19) 料金 (　　)　(20) 料理 (　　)　(21) 入場料 (　　)
(22) 性質 (　　)　(23) 性別 (　　)　(24) 飮料水 (　　)
(25) 性急 (　　)　(26) 性格 (　　)　(27) 質問 (　　)
(28) 物質 (　　)　(29) 體質 (　　)　(30) 輕量 (　　)
(31) 輕重 (　　)　(32) 大量 (　　)　(33) 計量 (　　)
(34) 分量 (　　)　(35) 重量 (　　)　(36) 輕車 (　　)
(37) 鐵橋 (　　)　(38) 鐵道 (　　)　(39) 鐵門 (　　)
(40) 古鐵 (　　)　(41) 鐵板 (　　)　(42) 木版 (　　)
(43) 板書 (　　)　(44) 黑板 (　　)　(45) 改正 (　　)
(46) 改良 (　　)　(47) 改名 (　　)　(48) 良心 (　　)
(49) 良家 (　　)　(50) 善良 (　　)　(51) 良民 (　　)

◆ 다음 밑줄 친 낱말을 漢字로 쓰세요.

(52) 길을 함부로 건너지 말고 육교로 건너세요.　(　　)
(53) 불탄 강당을 재건하기로 결정하였습니다.　(　　)
(54) 우리 사냥개는 성질이 사납습니다.　(　　)
(55) 뜨거운 철판에 음식을 볶았습니다.　(　　)
(56) 여러 재료를 넣어서 요리를 만들었습니다.　(　　)
(57) 이 자전거는 경량의 재료를 써서 가볍습니다.　(　　)
(58) 옛날에 쓰던 기계를 개량해서 사용하였어요.　(　　)

제2과 연습 문제(2)   월   일   평가

◆ 다음의 漢字의 訓과 音을 쓰세요.

(59)	良	
(60)	再	
(61)	鐵	
(62)	材	
(63)	建	
(64)	陸	
(65)	輕	

(66)	質	
(67)	板	
(68)	料	
(69)	性	
(70)	量	
(71)	改	
(72)	橋	

◆ 다음 漢字語의 뜻을 쓰세요.

(73) 建國 (　　　　　　　)　(74) 鐵橋 (　　　　　　　)
(75) 再活用 (　　　　　　　)

제2과 연습 문제 정답

(1) 육지　(2) 육군　(3) 대륙　(4) 상륙　(5) 육교
(6) 석교　(7) 대교　(8) 재건　(9) 재발　(10) 재회
(11) 건국　(12) 재활용　(13) 건물　(14) 건립　(15) 재료
(16) 재목　(17) 교재　(18) 목재　(19) 요금　(20) 요리
(21) 입장료　(22) 성질　(23) 성별　(24) 음료수　(25) 성급
(26) 성격　(27) 질문　(28) 물질　(29) 체질　(30) 경량
(31) 경중　(32) 대량　(33) 계량　(34) 분량　(35) 중량
(36) 경차　(37) 철교　(38) 철도　(39) 철문　(40) 고철
(41) 철판　(42) 목판　(43) 판서　(44) 흑판　(45) 개정
(46) 개량　(47) 개명　(48) 양심　(49) 양가　(50) 선량
(51) 양민　(52) 陸橋　(53) 再建　(54) 性質　(55) 鐵板
(56) 材料　(57) 輕量　(58) 改良　(59) 어질 량(양)　(60) 두 재
(61) 쇠 철　(62) 재목 재　(63) 세울 건　(64) 뭍 륙(육)　(65) 가벼울 경
(66) 바탕 질　(67) 널 판　(68) 헤아릴 료(요)　(69) 성품 성　(70) 헤아릴 량(양)
(71) 고칠 개　(72) 다리 교　(73) 나라를 세움　(74) 쇠로 만든 다리
(75) 폐품을 손질하여 다시 씀

제 3 과
자연

氷	河
얼음빙	물하

雨	雲
비우	구름운

寒	冷
찰한	찰랭(냉)

變	化
변할변	될화

落	葉
떨어질 락(낙)	잎엽

牛	馬
소우	말마

黑	炭
검을흑	숯탄

5급 한자 (29~30)

氷 얼음 빙
부수: 水

氷山(빙산) 바다에 산처럼 떠 있는 얼음덩이.
氷水(빙수) 얼음물.
結氷(결빙) 물이 어는 것.

河 물 하
부수: 水(氵)

河川(하천) 시내. 강.
河口(하구) 강물이 바다로 들어가는 곳.
山河(산하) 산과 강.
氷河(빙하) 거대한 얼음덩이가 강물처럼 흐름.

✏️ 丨 刂 氵 氷 氷

氷	氷	氷	氷	氷	氷	氷
얼음 빙						

✏️ 丶 冫 氵 氵 汀 沪 河

河	河	河	河	河	河	河
물 하						

5급 한자 (31~32)

雨 비 우
부수: 雨

雲 구름 운
부수: 雨

雨天(우천) 비가 오는 날씨.
雨衣(우의) 비옷.
風雨(풍우) 바람과 비.
雨期(우기) 비가 많이 오는 시기.

白雲(백운) 흰구름.
雲集(운집) 구름처럼 많이 모임.
靑雲(청운) 높은 지위나 벼슬.
雲山(운산) 구름이 낀 먼 산.

一 厂 广 币 币 雨 雨 雨

雨	雨	雨	雨	雨	雨
비 우					

一 厂 广 币 雨 雨 雲 雲 雲 雲 雲

雲	雲	雲	雲	雲	雲
구름 운					

5급 한자 (33~34)

寒 찰 한
부수: 宀

- 寒冷(한랭) 춥고 차가움.
- 寒心(한심) 가엾고 딱하거나 기막힘.
- 大寒(대한) 큰 추위(24절기의 하나).
- 寒風(한풍) 겨울에 부는 차가운 바람.

冷 찰 랭(냉)
부수: 冫

- 冷水(냉수) 찬물.
- 溫冷(온랭) 따뜻함과 차가움.
- 冷待(냉대) 푸대접.
- 冷戰(냉전) 무력을 사용하지 않고 싸움.

✏ 丶 宀 宀 宀 宀 宙 审 宲 寒 寒 寒

寒	寒	寒	寒	寒	寒	寒
찰 한						

✏ 丶 冫 冫 冫 冷 冷 冷

冷	冷	冷	冷	冷	冷	冷
찰 랭(냉)						

5급 한자
(35~36)

 변할 **변**
부수: 言

 될 **화**
부수: 匕

變化(변화) 모양·성질·상태가 변함.
變心(변심) 마음이 변함.
變質(변질) 성질이나 물질이 변함.
事變(사변) 자연의 재난이나 그 밖의 큰 변고.

感化(감화) 감동을 받아 마음이 변함.
消化(소화) 먹은 음식물을 흡수하기 쉽도록 바꿈.
文化(문화) 사회 구성원에 의해 전해지는 행동이나 생활 양식.

 丶 亠 亠 言 言 言 信 䜌 䜌 䜌 䜌 䜌 䜌 變 變 變

變	變	變	變	變	變	變
변할 변						

ノ 亻 仩 化

化	化	化	化	化	化	化
될 화						

5급 한자 (37~38)

落 떨어질 **락(낙)**
부수: 艹(艹)

- 落書(낙서) 장난으로 아무 데나 글씨를 씀.
- 落下(낙하) 높은 데서 떨어짐.
- 落花(낙화) 꽃이 떨어짐, 꽃이 짐.
- 落第(낙제) 시험에 떨어짐, 진급 못함.

葉 잎 **엽**
부수: 艹(艹)

- 落葉(낙엽) 잎이 떨어짐. 떨어진 잎.
- 葉書(엽서) 봉투를 쓰지 않는 우편물.
- 木葉(목엽) 나뭇잎.
- 綠葉(녹엽) 푸른 나뭇잎.

一 十 艹 艹 艾 𦭽 汥 莎 茨 落 落 落

落 / 떨어질 락

一 十 艹 艹 艹 苎 苹 苹 苹 葉 葉 葉

葉 / 잎 엽

5급 한자
(39~40)

牛 소 우
부수: 牛

黃牛(황우) 누런 빛깔의 소, 황소.
牛馬(우마) 소와 말.
韓牛(한우) 한국의 소, 우리 나라 소.

馬 말 마
부수: 馬

馬車(마차) 말이 끄는 수레.
馬夫(마부) 말을 부려 마차를 끄는 사람.
白馬(백마) 흰 말.
名馬(명마) 매우 훌륭한 말.

✏️ ノ 丶 二 牛

牛	牛	牛	牛	牛	牛	牛
소 우						

✏️ 丨 厂 厂 厂 厈 馬 馬 馬 馬 馬

馬	馬	馬	馬	馬	馬
말 마					

5급 한자 (41~42)

黑 검을 흑
부수: 黑

黑人(흑인) 피부색이 검은 사람.
黑心(흑심) 음흉하고 욕심 많은 마음.
黑白(흑백) 검은 빛깔과 흰 빛깔. 옳고 그름, 잘잘못.

炭 숯 탄
부수: 火

石炭(석탄) 옛날의 식물이 땅 속에 묻혀 분해되어 돌처럼 생긴 연료.
黑炭(흑탄) 검은 탄(역청탄).
炭末(탄말) 숯·연탄·석탄 등의 가루.

✏ 丶 冂 冂 冂 四 罒 甲 里 里 黑 黑 黑

黑	黑	黑	黑	黑	黑	黑
검을 흑						

✏ 丨 屮 屮 屮 屵 屵 炭 炭 炭

炭	炭	炭	炭	炭	炭	炭
숯 탄						

제3과 연습 문제(1)   월   일   평가

◆ 다음 漢字語의 讀音을 쓰세요.

(1) 氷山 (　　) (2) 氷水 (　　) (3) 結氷 (　　)
(4) 氷河 (　　) (5) 河川 (　　) (6) 河口 (　　)
(7) 山河 (　　) (8) 雨天 (　　) (9) 雨衣 (　　)
(10) 風雨 (　　) (11) 白雲 (　　) (12) 雲集 (　　)
(13) 靑雲 (　　) (14) 雲山 (　　) (15) 寒冷 (　　)
(16) 寒心 (　　) (17) 大寒 (　　) (18) 寒風 (　　)
(19) 冷水 (　　) (20) 溫冷 (　　) (21) 冷待 (　　)
(22) 冷戰 (　　) (23) 變化 (　　) (24) 變心 (　　)
(25) 變質 (　　) (26) 事變 (　　) (27) 感化 (　　)
(28) 消化 (　　) (29) 文化 (　　) (30) 落書 (　　)
(31) 落下 (　　) (32) 落花 (　　) (33) 落第 (　　)
(34) 落葉 (　　) (35) 葉書 (　　) (36) 木葉 (　　)
(37) 綠葉 (　　) (38) 黃牛 (　　) (39) 牛馬 (　　)
(40) 韓牛 (　　) (41) 馬車 (　　) (42) 馬夫 (　　)
(43) 白馬 (　　) (44) 名馬 (　　) (45) 愛馬 (　　)
(46) 黑人 (　　) (47) 黑心 (　　) (48) 黑白 (　　)
(49) 石炭 (　　) (50) 黑炭 (　　) (51) 落心 (　　)

◆ 다음 밑줄 친 낱말을 漢字로 쓰세요.

(52) 얼음이 흘러가는 빙하를 보았습니다.　　(　　　)
(53) 바람에 날리는 낙엽이 아름답습니다.　　(　　　)
(54) 시원한 냉수를 마시고 싶어요.　　(　　　)
(55) 잔디밭에 누워 하늘의 백운을 바라보아라.　　(　　　)
(56) 우리 나라는 석탄을 수입합니다.　　(　　　)
(57) 변심한 친구는 멀리 달아났습니다.　　(　　　)
(58) 우리 나라 한우 고기는 맛있습니다.　　(　　　)

제3과 연습 문제(2) 월 일 평가

◆ 다음의 漢字의 訓과 음을 쓰세요.

(59)	變	
(60)	炭	
(61)	氷	
(62)	馬	
(63)	冷	
(64)	黑	
(65)	河	

(66)	雲	
(67)	牛	
(68)	雨	
(69)	葉	
(70)	化	
(71)	寒	
(72)	落	

◆ 다음 漢字語의 뜻을 쓰세요.

(73) 氷山 (   )   (74) 落書 (   )

(75) 名馬 (   )

제3과 연습 문제 정답

(1) 빙산 (2) 빙수 (3) 결빙 (4) 빙하 (5) 하천
(6) 하구 (7) 산하 (8) 우천 (9) 우의 (10) 풍우
(11) 백운 (12) 운집 (13) 청운 (14) 운산 (15) 한랭
(16) 한심 (17) 대한 (18) 한풍 (19) 냉수 (20) 온랭
(21) 냉대 (22) 냉전 (23) 변화 (24) 변심 (25) 변질
(26) 사변 (27) 감화 (28) 소화 (29) 문화 (30) 낙서
(31) 낙하 (32) 낙화 (33) 낙제 (34) 낙엽 (35) 엽서
(36) 목엽 (37) 녹엽 (38) 황우 (39) 우마 (40) 한우
(41) 마차 (42) 마부 (43) 백마 (44) 명마 (45) 애마
(46) 흑인 (47) 흑심 (48) 흑백 (49) 석탄 (50) 흑탄
(51) 낙심 (52) 氷河 (53) 落葉 (54) 冷水 (55) 白雲
(56) 石炭 (57) 變心 (58) 韓牛 (59) 변할 변 (60) 숯 탄
(61) 얼음 빙 (62) 말 마 (63) 찰 랭(냉) (64) 검을 흑 (65) 물 하
(66) 구름 운 (67) 소 우 (68) 비 우 (69) 잎 엽 (70) 될 화
(71) 찰 한 (72) 떨어질 락 (73) 바다에 산처럼 떠 있는 얼음덩이
(74) 장난으로 아무 데나 글씨를 씀 (75) 매우 훌륭한 말

제 4 과
경제

商 店
장사 상   가게 점

廣 告	賣 買	價 格
넓을 광 고할 고	팔 매 살 매	값 가 격식 격

實 費	貴 宅	財 産
열매 실 쓸 비	귀할 귀 집 택(댁)	재물 재 낳을 산

5급 한자 (43~44)

商 장사 **상**
부수: 口

店 가게 **점**
부수: 广

商人(상인) 장사하는 사람.
商業(상업) 상품을 사고 팔아 이익을 얻는 일, 장사.
商品(상품) 팔고 사는 물건.
行商(행상) 돌아다니며 장사하는 사람 또는 일.

商店(상점) 물건을 파는 가게.
賣店(매점) 어떤 기관에 있는 작은 가게.
書店(서점) 책을 파는 가게, 책방.
本店(본점) 여럿 중 중심이 되는 가게.

丶 亠 亠 产 产 产 商 商 商 商

商	商	商	商	商	商
장사 상					

丶 亠 广 广 庐 庐 店 店

店	店	店	店	店	店
가게 점					

5급 한자 (45~46)

넓을 **광**

부수: 广

고할 **고**

부수: 口

廣大(광대) 넓고 크다.
廣場(광장) 너른 마당.
廣野(광야) 너른 들판.

廣告(광고) 사람들에게 널리 알림.
告白(고백) 숨김없이 솔직하게 말함.
告別(고별) 헤어지게 됨을 알림.
告發(고발) 피해자가 아닌 사람이 범죄를 신고함.

✏️ 丶 亠 广 广 庐 庐 庐 庐 庐 庐 庐 廣 廣

廣	廣	廣	廣	廣	廣
넓을 광					

✏️ 丿 𠂉 𠂉 牛 告 告 告

告	告	告	告	告	告
고할 고					

5급 한자 (47~48)

賣 팔 매
부수: 貝

- 賣物(매물) 팔 물건. 팔 것.
- 賣出(매출) 물건을 파는 일.
- 競賣(경매) 가장 높은 값을 부르는 사람에게 파는 일.

買 살 매
부수: 貝

- 賣買(매매) 물건을 팔고 사는 일.
- 買入(매입) 사들임.
- 買食(매식) 음식을 사 먹음.
- 不買(불매) 물건을 사지 않음.

✏️ 一 十 士 䒑 吉 吉 吉 吉 声 壽 壽 壽 賣 賣

賣	賣	賣	賣	賣	賣	賣
팔 매						

✏️ 丨 冂 皿 皿 皿 罒 罒 罒 胃 胃 買 買

買	買	買	買	買	買	買
살 매						

5급 한자
(49~50)

價 값 가
부수: 人(亻)

格 격식 격
부수: 木

物價(물가) 물건의 값.
價格(가격) 화폐 단위로 나타낸 상품 가치.
時價(시가) 일정한 시기의 물건값. (시세)
定價(정가) 정해진 값. 일정한 가격.

格式(격식) 격에 맞는 일정한 방식.
人格(인격) 사람의 품격.
格言(격언) 교훈이 되는 짧은 말.
體格(체격) 몸의 골격.

✏️ ノ 亻 亻 伫 伫 价 価 僧 僧 價 價 價 價

價	價	價	價	價	價
값 가					

✏️ 一 十 才 木 木 杪 柊 柊 格 格

格	格	格	格	格	格
격식 격					

5급 한자 (51~52)

實 열매 실
부수: 宀

- 實話(실화) 실제로 있었던 이야기.
- 實感(실감) 실제로 체험하는 느낌.
- 實行(실행) 실제로 행함.
- 事實(사실) 실제로 있었던 일.

費 쓸 비
부수: 貝

- 費用(비용) 물건 사거나 어떤 일을 하는 데 드는 돈.
- 食費(식비) 먹는 데 드는 돈.
- 學費(학비) 공부하는 데 드는 돈.

✏️ 丶 丶 宀 宁 宁 宙 宙 宙 宵 宵 宵 實 實 實

實	實	實	實	實	實	實
열매 실						

✏️ 一 二 弓 弗 弗 弗 弗 費 費 費 費

費	費	費	費	費	費	費
쓸 비						

5급 한자
(53~54)

貴 귀할 귀
부수: 貝

宅 집 택(댁)
부수: 宀

貴人(귀인) 신분·지위가 고귀한 사람.
貴重(귀중) 귀하고 중요함.
貴族(귀족) 신분과 가문이 높은 사람.

住宅(주택) 사람이 살 수 있게 지은 집.
貴宅(귀댁) 상대의 집을 높여 부르는 말.
宅地(택지) 집을 지을 땅.
自宅(자택) 자기 집.

✏️ 丶 口 口 中 虫 虫 串 青 書 貴 貴

貴	貴	貴	貴	貴	貴	貴
귀할 귀						

✏️ 丶 宀 宀 空 宅

宅	宅	宅	宅	宅	宅	宅
집 택(댁)						

5급 한자 (55~56)

財 재물 재
부수: 貝

産 낳을 산
부수: 生

財産(재산) 금전적 가치가 있는 모든 것.
財力(재력) 재물의 힘.
財物(재물) 돈이나 값나가는 온갖 물건.
文化財(문화재) 문화적 가치가 있는 것.

生産(생산) 생활 물자를 만드는 일.
出産(출산) 아기를 낳음.
産業(산업) 생산을 하는 사업.
産母(산모) 아기를 갓 낳은 여자.

✎ 丨 冂 刀 月 目 貝 貝 貝 財 財

財	財	財	財	財	財	財
재물 재						

✎ 丶 亠 六 立 立 产 产 产 产 産 産

産	産	産	産	産	産	産
낳을 산						

제4과 연습 문제(1)   월   일   평가

◆ 다음 漢字語의 讀音을 쓰세요.

(1) 商人 (   )　　(2) 商業 (   )　　(3) 商品 (   )
(4) 行商 (   )　　(5) 商店 (   )　　(6) 賣店 (   )
(7) 書店 (   )　　(8) 本店 (   )　　(9) 廣大 (   )
(10) 廣場 (   )　　(11) 廣野 (   )　　(12) 廣告 (   )
(13) 告白 (   )　　(14) 告別 (   )　　(15) 告發 (   )
(16) 賣物 (   )　　(17) 賣出 (   )　　(18) 競賣 (   )
(19) 賣買 (   )　　(20) 買入 (   )　　(21) 買食 (   )
(22) 不買 (   )　　(23) 物價 (   )　　(24) 價格 (   )
(25) 時價 (   )　　(26) 定價 (   )　　(27) 格式 (   )
(28) 人格 (   )　　(29) 格言 (   )　　(30) 體格 (   )
(31) 實話 (   )　　(32) 實感 (   )　　(33) 實行 (   )
(34) 事實 (   )　　(35) 費用 (   )　　(36) 食費 (   )
(37) 學費 (   )　　(38) 貴人 (   )　　(39) 貴重 (   )
(40) 貴族 (   )　　(41) 住宅 (   )　　(42) 貴宅 (   )
(43) 宅地 (   )　　(44) 自宅 (   )　　(45) 財産 (   )
(46) 財力 (   )　　(47) 財物 (   )　　(48) 生産 (   )
(49) 出産 (   )　　(50) 産業 (   )　　(51) 文化財 (   )

◆ 다음 밑줄 친 낱말을 漢字로 쓰세요.

(52) 외갓집은 <u>재산</u>이 많은 편입니다.　　(   )
(53) 텔레비전의 <u>광고</u>는 너무 많습니다.　　(   )
(54) 이것은 어느 <u>상점</u>에서 산 물건입니까?　　(   )
(55) 이 시장은 물건 <u>가격</u>이 비싼 편입니다.　　(   )
(56) 물건이 많아서 <u>매매</u>가 잘 됩니다.　　(   )
(57) 이 마을은 고급 <u>주택</u>이 많습니다.　　(   )

제4과 연습 문제(2) 　　월　　일　　평가

◆ 다음 漢字語의 뜻을 쓰세요.

(58) 商店 (　　　　　)　(59) 廣場 (　　　　　　　　)

(60) 住宅 (　　　　　)　(61) 告別 (　　　　　　　　)

◆ 다음의 漢字의 訓과 音을 쓰세요.

(62)	貴	
(63)	廣	
(64)	財	
(65)	商	
(66)	産	
(67)	賣	
(68)	格	

(69)	買	
(70)	宅	
(71)	價	
(72)	告	
(73)	店	
(74)	費	
(75)	實	

제4과 연습 문제 정답

(1) 상인　(2) 상업　(3) 상품　(4) 행상　(5) 상점
(6) 매점　(7) 서점　(8) 본점　(9) 광대　(10) 광장
(11) 광야　(12) 광고　(13) 고백　(14) 고별　(15) 고발
(16) 매물　(17) 매출　(18) 경매　(19) 매매　(20) 매입
(21) 매식　(22) 불매　(23) 물가　(24) 가격　(25) 시가
(26) 정가　(27) 격식　(28) 인격　(29) 격언　(30) 체격
(31) 실화　(32) 실감　(33) 실행　(34) 사실　(35) 비용
(36) 식비　(37) 학비　(38) 귀인　(39) 귀중　(40) 귀족
(41) 주택　(42) 귀댁　(43) 택지　(44) 자택　(45) 재산
(46) 재력　(47) 재물　(48) 생산　(49) 출산　(50) 산업
(51) 문화재　(52) 財産　(53) 廣告　(54) 商店　(55) 價格
(56) 賣買　(57) 住宅　(58) 물건을 파는 가게　(59) 너른 마당
(60) 사람이 살 수 있게 지은 집　(61) 헤어지게 됨을 알림　(62) 귀할 귀
(63) 넓을 광　(64) 재물 재　(65) 장사 상　(66) 낳을 산　(67) 팔 매
(68) 격식 격　(69) 살 매　(70) 집 택(댁)　(71) 값 가　(72) 고할 고
(73) 가게 점　(74) 쓸 비　(75) 열매 실

5급 한자 (57~58)

過 지날 과
부수: 辵(辶)

去 갈 거
부수: ㅿ

過食(과식) 지나치게 많이 먹음.
過速(과속) 속도를 너무 빠르게 함.
過失(과실) 잘못이나 허물.
通過(통과) 통하여 지나감.

過去(과거) 지난날. 지나간 때.
去來(거래) 오고 가거나 주고받는 것.
去年(거년) 지난 해. 작년.

✏️ 丨 冂 冂 冋 冋 咼 咼 咼 冎 過 過 過

過	過	過	過	過	過	過
지날 과						

✏️ 一 十 土 去 去

去	去	去	去	去	去	去
갈 거						

5급 한자 (59~60)

 지날 **력(역)**
부수: 止

 사기 **사**
부수: 口

學歷(학력) 공부한 이력.
來歷(내력) 어떤 사물이 지나온 유래.
歷代(역대) 이어 내려온 여러 대.
歷任(역임) 여러 벼슬을 두루 거쳐 지냄.

歷史(역사) 인류 사회의 흥망과 변천 과정.
國史(국사) 나라의 역사.
史書(사서) 역사에 관한 책.
史觀(사관) 역사 발전에 대한 견해.

一 厂 厂 厃 厈 厈 厈 厍 厤 厤 厯 厯 歷 歷 歷

歷 지날 력(역)

丿 口 口 史 史

史 사기 사

5급 한자 (61~62)

舊 예 구
부수: 臼

- 親舊(친구) 오랫동안 가까이 지낸 벗.
- 舊式(구식) 옛날의 방식.
- 舊面(구면) 이전부터 알고 있는 사람.
- 舊都(구도) 옛 도읍. 옛 서울.

都 도읍 도
부수: 邑(阝)

- 都市(도시) 많은 사람이 사는 번화한 곳.
- 首都(수도) 중앙 정부가 있는 도시. 서울.
- 都心(도심) 도시의 중심.
- 都賣(도매) 물건을 몰아서 파는 것.

舊 필순: 一 十 十 艹 艹 艹 艹 艹 艹 萑 萑 萑 蒦 舊 舊 舊

舊 예 구

都 필순: 一 十 土 耂 耂 者 者 者 者 都 都

都 도읍 도

5급 한자 (63~64)

雄 수컷 **웅**
부수: 隹

偉 클 **위**
부수: 人(亻)

英雄(영웅) 지혜와 재능이 뛰어나고 무용이 뛰어난 사람.
雄大(웅대) 웅장하고 규모가 큼.
雄圖(웅도) 웅대한 계획.

偉人(위인) 뛰어나고 훌륭한 사람.
偉力(위력) 위대한 힘.
偉業(위업) 위대한 사업이나 업적.
偉大(위대) 뛰어나고 훌륭함.

✏️ 一 ナ ナ 左 広 太 太 太 太 雄 雄 雄

雄	雄	雄	雄	雄	雄	雄
수컷 웅						

✏️ ノ 亻 亻 亻 伊 伊 伊 偉 偉 偉

偉	偉	偉	偉	偉	偉	偉
클 위						

5급 한자 (65~66)

筆 붓 필
부수: 竹

筆記(필기) 글씨를 씀.
名筆(명필) 매우 잘 쓴 글씨.
自筆(자필) 자기가 직접 쓴 글씨.
筆者(필자) 글씨나 글을 쓴 사람.

仙 신선 선
부수: 人(亻)

神仙(신선) 도를 닦아 도에 통한 사람.
仙女(선녀) 여자 신선.
仙藥(선약) 효험이 아주 뛰어난 약.

丿 𠂉 𠂉 𥫗 𥫗 𥫗 筈 筆 筆 筆 筆

筆 — 붓 필

丿 亻 亻 仙 仙

仙 — 신선 선

5급 한자 (67~68)

傳 전할 전
부수: 人(亻)

說 말씀 설
부수: 言

傳說(전설) 예부터 전해 오는 이야기.
傳記(전기) 한 사람 일생의 기록.
口傳(구전) 입으로 전함.

說明(설명) 풀이하여 밝힘.
說敎(설교) 종교의 가르침을 설명함.
力說(역설) 강조하여 말함.
小說(소설) 이야기로 꾸민 문학 형태.

ノ 亻 亻 亻 亻 伊 伊 伸 伸 傳 傳 傳

傳 | 傳 | 傳 | 傳 | 傳 | 傳
전할 전

丶 亠 亠 言 言 言 言 訁 訃 訃 詝 說

說 | 說 | 說 | 說 | 說 | 說
말씀 설

5급 한자 (69~70)

他 다를 타
부수: 人(亻)

他人(타인) 다른 사람.
他國(타국) 다른 나라.
他校(타교) 다른 학교.
自他(자타) 자기와 남.

州 고을 주
부수: 巛(川)

他州(타주) 다른 고을.
大州(대주) 매우 넓은 육지. 대륙.(＝大洲)
州郡(주군) 주와 군, 도시 이외의 지방.

丿 亻 仆 仲 他

他 — 다를 타

丶 丿 刂 丬 州 州

州 — 고을 주

제5과 연습 문제(1)   월   일   평가

◆ 다음 漢字語의 讀音을 쓰세요.

(1) 過食 (　　) (2) 過速 (　　) (3) 過失 (　　)
(4) 通過 (　　) (5) 過去 (　　) (6) 去來 (　　)
(7) 去年 (　　) (8) 學歷 (　　) (9) 來歷 (　　)
(10) 歷代 (　　) (11) 歷任 (　　) (12) 歷史 (　　)
(13) 國史 (　　) (14) 史書 (　　) (15) 史觀 (　　)
(16) 親舊 (　　) (17) 舊式 (　　) (18) 舊面 (　　)
(19) 舊都 (　　) (20) 都市 (　　) (21) 首都 (　　)
(22) 都心 (　　) (23) 都賣 (　　) (24) 英雄 (　　)
(25) 雄大 (　　) (26) 雄圖 (　　) (27) 偉人 (　　)
(28) 偉力 (　　) (29) 偉業 (　　) (30) 偉大 (　　)
(31) 筆記 (　　) (32) 名筆 (　　) (33) 自筆 (　　)
(34) 筆者 (　　) (35) 筆談 (　　) (36) 神仙 (　　)
(37) 仙女 (　　) (38) 仙藥 (　　) (39) 傳說 (　　)
(40) 傳記 (　　) (41) 口傳 (　　) (42) 說明 (　　)
(43) 說敎 (　　) (44) 力說 (　　) (45) 小說 (　　)
(46) 他人 (　　) (47) 他國 (　　) (48) 他校 (　　)
(49) 自他 (　　) (50) 他州 (　　) (51) 大州 (　　)

◆ 다음 밑줄 친 낱말을 漢字로 쓰세요.

(52) 역사 공부를 통해서 애국심을 기릅니다. (　　　)
(53) 우리 집은 과거에 가난하게 살았습니다. (　　　)
(54) 우리 고향의 전설을 조사하였습니다. (　　　)
(55) 나는 타교에서 전학 왔습니다. (　　　)
(56) 이순신 장군은 위대한 사람입니다. (　　　)
(57) 소설의 필자에게 편지를 썼습니다. (　　　)

제5과 연습 문제(2) 　월　　일　　평가

◆ 다음 漢字語의 뜻을 쓰세요.

(58) 傳說 (　　　　　　)　(59) 國史 (　　　　　　)
(60) 過食 (　　　　　　)

◆ 다음의 漢字의 訓과 音을 쓰세요.

(61)	史	
(62)	說	
(63)	筆	
(64)	偉	
(65)	州	
(66)	去	
(67)	他	

(68)	傳	
(69)	歷	
(70)	過	
(71)	舊	
(72)	仙	
(73)	雄	
(74)	都	

제5과 연습 문제 정답

(1) 과식　(2) 과속　(3) 과실　(4) 통과　(5) 과거
(6) 거래　(7) 거년　(8) 학력　(9) 내력　(10) 역대
(11) 역임　(12) 역사　(13) 국사　(14) 사서　(15) 사관
(16) 친구　(17) 구식　(18) 구면　(19) 구도　(20) 도시
(21) 수도　(22) 도심　(23) 도매　(24) 영웅　(25) 웅대
(26) 웅도　(27) 위인　(28) 위력　(29) 위업　(30) 위대
(31) 필기　(32) 명필　(33) 자필　(34) 필자　(35) 필담
(36) 신선　(37) 선녀　(38) 선약　(39) 전설　(40) 전기
(41) 구전　(42) 설명　(43) 설교　(44) 역설　(45) 소설
(46) 타인　(47) 타국　(48) 타교　(49) 자타　(50) 타주
(51) 대주　(52) 歷史　(53) 過去　(54) 傳說　(55) 他校
(56) 偉大　(57) 筆者　(58) 예부터 전해 오는 이야기　(59) 나라의 역사
(60) 지나치게 많이 먹음　(61) 사기 사　(62) 말씀 설　(63) 붓 필
(64) 클 위　(65) 고을 주　(66) 갈 거　(67) 다를 타　(68) 전할 전
(69) 지날 력(역)　(70) 지날 과　(71) 예 구　(72) 신선 선　(73) 수컷 웅
(74) 도읍 도

5급 한자 (71~72)

獨 홀로 독
부수: 犬(犭)

獨立(독립) 혼자 힘으로 섬.
獨身(독신) 배우자가 없는 사람.
獨學(독학) 스승 없이 혼자 공부함.
獨食(독식) 혼자 차지함.

島 섬 도
부수: 山

獨島(독도) 우리 나라 가장 동쪽의 섬.
落島(낙도) 멀리 떨어진 외딴 섬.
半島(반도) 삼면이 바다로 둘러싸이고 한 면이 대륙에 붙은 땅.

丿 犭 犭 犭 犭 犭 犭 犭 犭 犭 犭 犭 獨 獨 獨

獨 홀로 독

丿 亻 𠂆 𠂆 𠂉 𠂤 鸟 鸟 島 島

島 섬 도

5급 한자
(73~74)

景 별 경
부수: 日

致 이를 치
부수: 至

風景(풍경) 자연의 모습. 경치.
景致(경치) 자연의 아름다운 현상.
景觀(경관) 경치. 자연의 모습.
雪景(설경) 눈이 내리거나 쌓인 경치.

致死(치사) 죽음에 이르게 함.
一致(일치) 서로 꼭 맞음.
致仕(치사) 나이가 많아 벼슬을 사양하고 물러남.

✎ 丶 冂 冖 日 旦 呆 昺 景 景 景 景

景	景	景	景	景	景	景
별 경						

✎ 一 丆 줃 至 줄 到 致 致 致

致	致	致	致	致	致	致
이를 치						

5급 한자 (75~76)

旅 나그네 려(여)
부수: 方

- 旅行(여행) 다른 고장이나 외국에 가는 일.
- 旅客(여객) 여행하는 사람. 나그네.
- 旅路(여로) 나그네의 길. 여행길.

客 손 객
부수: 宀

- 客車(객차) 여행객이 타는 열차.
- 客室(객실) 손님이 쓰는 방.
- 客地(객지) 집을 떠나 임시로 있는 곳.
- 觀客(관객) 공연 따위를 구경하는 사람.

✎ 丶 亠 方 方 方 扩 扩 旅 旅 旅

旅	旅	旅	旅	旅	旅	旅
나그네 려(여)						

✎ 丶 丶 宀 宀 宀 灾 灾 客 客

客	客	客	客	客	客	客
손 객						

5급 한자
(77~78)

 이를 **도**
부수: 刀(刂)

 붙을 **착**
부수: 目

到着(도착) 목적지에 다다름.
到來(도래) 시기나 기회가 옴.
到山(도산) 장사를 지낼 때 상여가 산소에 이름.

着手(착수) 일에 손을 대어 시작함.
着服(착복) 남의 금품을 부당하게 차지함.
着席(착석) 자리에 앉음.
着實(착실) 허튼 데 없이 진실함.

一 エ 云 至 至 到 到

到
이를 도

丷 丷 丷 羊 羊 羊 羊 着 着 着

着
붙을 착

5급 한자 (79~80)

週 주일 주
부수: 辵(辶)

來週(내주) 다음 주.
週末(주말) 한 주일의 끝무렵(토, 일요일).
週初(주초) 그 주일의 첫머리.
週中(주중) 한 주일의 중간 무렵.

末 끝 말
부수: 木

末年(말년) 인생의 끝무렵.
末世(말세) 망해 가는 세상.
結末(결말) 일을 맺는 끝.
年末(연말) 한 해의 마지막 무렵.

✏️ ノ 冂 月 円 用 冏 周 周 凋 调 调 週

週	週	週	週	週	週	週
주일 주						

✏️ 一 二 丰 才 末

末	末	末	末	末	末	末
끝 말						

5급 한자
(81~82)

漁 고기잡을 어
부수: 水(氵)

船 배 선
부수: 舟

漁船(어선) 고기잡이배.
漁夫(어부) 고기잡이로 살아가는 사람.
漁村(어촌) 어부들이 모여 사는 마을.
漁民(어민) 고기잡이를 하는 백성.

船長(선장) 배에 탄 선원의 우두머리.
船室(선실) 배 안에 있는 승객의 방.
下船(하선) 배에서 내림.
戰船(전선) 전투에 사용하는 배.

丶 丶 氵 氵 氵 氵 沖 洰 洰 渔 渔 漁 漁

漁	漁	漁	漁	漁	漁
고기잡을 어					

丿 丆 月 月 月 舟 舟 舩 舩 船 船

船	船	船	船	船	船
배 선					

5급 한자 (83~84)

養 기를 양
부수: 食

養魚(양어) 물고기를 기름.
養育(양육) 아이를 보살펴 자라게 함.
養成(양성) 길러 냄.
休養(휴양) 마음과 몸을 편히 쉬게 함.

魚 고기/물고기 어
부수: 魚

大魚(대어) 큰 물고기.
人魚(인어) 윗몸은 사람, 아랫몸은 물고기 모양의 상상 동물.
川魚(천어) 냇물에 사는 물고기.

✏️ 丶 丷 亠 䒑 䒑 羊 垶 美 美 桊 養 養 養 養 養

養	養	養	養	養	養	養
기를 양						

✏️ 丿 𠂊 𠂉 鱼 鱼 魚 魚 魚 魚 魚 魚

魚	魚	魚	魚	魚	魚	魚
고기/물고기 어						

제6과 연습 문제(1)   월   일   평가

◆ 다음 漢字語의 讀音을 쓰세요.

(1) 獨立 (   )   (2) 獨身 (   )   (3) 獨學 (   )
(4) 獨食 (   )   (5) 獨島 (   )   (6) 落島 (   )
(7) 半島 (   )   (8) 風景 (   )   (9) 景致 (   )
(10) 景觀 (   )   (11) 雪景 (   )   (12) 致死 (   )
(13) 一致 (   )   (14) 旅行 (   )   (15) 旅客 (   )
(16) 旅路 (   )   (17) 客車 (   )   (18) 客室 (   )
(19) 客地 (   )   (20) 觀客 (   )   (21) 到着 (   )
(22) 到來 (   )   (23) 着手 (   )   (24) 着服 (   )
(25) 着席 (   )   (26) 着實 (   )   (27) 來週 (   )
(28) 週末 (   )   (29) 週初 (   )   (30) 週中 (   )
(31) 末年 (   )   (32) 末世 (   )   (33) 結末 (   )
(34) 年末 (   )   (35) 漁船 (   )   (36) 漁夫 (   )
(37) 漁村 (   )   (38) 漁民 (   )   (39) 船長 (   )
(40) 船室 (   )   (41) 下船 (   )   (42) 戰船 (   )
(43) 養魚 (   )   (44) 養育 (   )   (45) 養成 (   )
(46) 休養 (   )   (47) 大魚 (   )   (48) 人魚 (   )
(49) 川魚 (   )   (50) 月末 (   )   (51) 旅客船 (   )

◆ 다음 밑줄 친 낱말을 漢字로 쓰세요.

(52) <u>독도</u>는 우리 나라의 가장 동쪽에 있습니다.   (   )
(53) 설악산은 <u>경치</u>가 매우 아름답습니다.   (   )
(54) 우리 가족은 <u>주말</u>에 여행을 갑니다.   (   )
(55) 바다에는 <u>어선</u>이 많이 있습니다.   (   )
(56) 할아버지는 어제 <u>도착</u>하였습니다.   (   )
(57) 객차에는 <u>여객</u>이 많이 탔습니다.   (   )
(58) 외삼촌은 큰 <u>양어</u>장을 가지고 있습니다.   (   )

제6과 연습 문제(2)   월   일   평가

◆ 다음의 漢字의 訓과 音을 쓰세요.

(59)	着	
(60)	致	
(61)	末	
(62)	到	
(63)	漁	
(64)	獨	
(65)	旅	

(66)	島	
(67)	魚	
(68)	週	
(69)	景	
(70)	養	
(71)	船	
(72)	客	

◆ 다음 漢字語의 뜻을 쓰세요.

(73) 落島 (   )   (74) 到着 (   )

(75) 養魚 (   )

제6과 연습 문제 정답

(1) 독립   (2) 독신   (3) 독학   (4) 독식   (5) 독도
(6) 낙도   (7) 반도   (8) 풍경   (9) 경치   (10) 경관
(11) 설경   (12) 치사   (13) 일치   (14) 여행   (15) 여객
(16) 여로   (17) 객차   (18) 객실   (19) 객지   (20) 관객
(21) 도착   (22) 도래   (23) 착수   (24) 착복   (25) 착석
(26) 착실   (27) 내주   (28) 주말   (29) 주초   (30) 주중
(31) 말년   (32) 말세   (33) 결말   (34) 연말   (35) 어선
(36) 어부   (37) 어촌   (38) 어민   (39) 선장   (40) 선실
(41) 하선   (42) 전선   (43) 양어   (44) 양육   (45) 양성
(46) 휴양   (47) 대어   (48) 인어   (49) 천어   (50) 월말
(51) 여객선   (52) 獨島   (53) 景致   (54) 週末   (55) 漁船
(56) 到着   (57) 旅客   (58) 養魚   (59) 붙을 착   (60) 이를 치
(61) 끝 말   (62) 이를 도   (63) 고기잡을 어   (64) 홀로 독   (65) 나그네 려(여)
(66) 섬 도   (67) 고기/물고기 어   (68) 주일 주   (69) 볕 경
(70) 기를 양   (71) 배 선   (72) 손 객   (73) 멀리 떨어진 외딴 섬
(74) 목적지에 다다름   (75) 물고기를 기름

5급 한자 (85~86)

知 알 지
부수: 矢

通知(통지) 기별하여 알림.
知能(지능) 지적 활동 능력.
知面(지면) 만나서 서로 얼굴을 알아봄.
感知(감지) 곧장 느껴 아는 것.

識 알 식 / 기록할 지
부수: 言

知識(지식) 알고 있는 내용.
識別(식별) 알아서 구별함.
識者(식자) 아는 것이 많은 사람.
識見(식견) 사물을 분별할 수 있는 능력.

✎ ノ ヒ 仁 チ 矢 矢 知 知 知

知 — 알 지

✎ 言 言 言 言 言 言 訶 訶 訶 語 諳 識 識 識

識 — 알 식/기록할 지

5급 한자
(87~88)

 생각 **사**
부수: 心

 생각할 **고**
부수: 耂

思考(사고) 생각하고 궁리함.
意思(의사) 마음먹은 생각.
相思(상사) 서로 생각하고 그리워함.

再考(재고) 다시 생각함.
考案(고안) 연구하여 생각해 냄.
考査(고사) 학습을 평가하는 시험.

✏️ 丨 冂 口 日 田 田 思 思 思

思	思	思	思	思	思	思
생각 사						

✏️ 一 十 土 耂 耂 考

考	考	考	考	考	考	考
생각할 고						

69

卓 높을 탁
부수: 十

卓見(탁견) 뛰어난 의견.
食卓(식탁) 식사용 탁자.
卓球(탁구) 탁자 위에서 라켓으로 공을 넘기는 경기.
敎卓(교탁) 교단 앞에 놓은 탁자.

見 볼 견 / 뵈올 현
부수: 見

發見(발견) 미처 보지 못한 것을 처음으로 찾아 냄.
見學(견학) 실제로 보고 배움.
會見(회견) 서로 만나 의견을 밝힘.

✏️ ｜ ｜ ｜ 卜 占 占 卓 卓 卓

卓	卓	卓	卓	卓	卓	卓
높을 탁						

✏️ ｜ 冂 冂 月 目 貝 見

見	見	見	見	見	見	見
볼 견/뵈올 현						

5급 한자 (91~92)

調 고를 조
부수: 言

查 조사할 사
부수: 木

調和(조화) 서로 잘 어울리게 함.
調查(조사) 자세히 살펴보거나 찾아봄.
調理(조리) 몸을 보살피며 병을 다스림. 요리함.
調書(조서) 조사한 사실을 기록한 문서.

查定(사정) 조사하여 결정함.
考查(고사) 자세히 생각하고 조사함. 또는 시험.
內查(내사) 몰래 조사함. 뒷조사.

丶 亠 亠 言 言 言 訂 訂 訓 調 調 調 調

調	調	調	調	調	調	調
고를 조						

一 十 才 木 查 查 查 查 查

查	查	查	查	查	查	查
조사할 사						

5급 한자 (93~94)

展 펼 전
부수: 尸

- 展示(전시) 물건들을 벌여 놓고 보임.
- 展開(전개) 눈앞에 벌어짐.
- 發展(발전) 더 좋은 상태로 나아감.
- 展望(전망) 멀리 바라다보이는 경치.

示 보일 시
부수: 示

- 訓示(훈시) 가르쳐 보이거나 타이름.
- 公示(공시) 공공 기관이 널리 알림.
- 示弱(시약) 약점을 드러내 보임.

✏️ ｀ ㄱ ㄹ 尸 尸 尸 屈 屋 展 展 展

展 — 펼 전

✏️ ｀ ニ 〒 示 示

示 — 보일 시

5급 한자
(95~96)

 부를 **창**
부수: 口

 굽을 **곡**
부수: 曰

合唱(합창) 여럿이 노래를 부름.
獨唱(독창) 혼자 노래를 부름.
歌唱(가창) 노래를 부름. 노래.
先唱(선창) 맨 먼저 부름.

曲線(곡선) 구부러진 선. ↔ 직선.
作曲(작곡) 악곡을 창작함.
名曲(명곡) 유명한 악곡. 뛰어나게 잘 된 악곡.
歌曲(가곡) 음악의 종류 중 한 가지.

✏️ 丨 冂 口 ㅁㅣ ㅁㅁ 吅 吂 唱 唱 唱 唱

唱	唱	唱	唱	唱	唱	唱
부를 창						

✏️ 丨 冂 冃 由 曲 曲

曲	曲	曲	曲	曲	曲	曲
굽을 곡						

5급 한자 (97~98)

終 마칠 종
부수: 糸

始終(시종) 처음과 끝.
終結(종결) 끝을 맺음. 끝마침.
終末(종말) 끝. 끝판.
終身(종신) 죽을 때까지. 한평생.

課 공부할 과 / 과정 과
부수: 言

日課(일과) 날마다 하는 일정한 일.
課外(과외) 정해진 공부 이외의 공부.
課長(과장) 과의 우두머리.
課題(과제) 처리해야 할 문제.

終 필순: 乚 幺 幺 幺 糸 糸 紒 紁 終 終 終

終	終	終	終	終	終	終
마칠 종						

課 필순: 丶 亠 二 ≡ 言 言 言 訁 訂 訂 評 評 課 課 課

課	課	課	課	課	課	課
공부할/과정 과						

제7과 연습 문제(1)   월   일   평가

◆ 다음 漢字語의 讀音을 쓰세요.

(1) 通知 (　　) (2) 知面 (　　) (3) 感知 (　　)
(4) 知識 (　　) (5) 識別 (　　) (6) 識者 (　　)
(7) 識見 (　　) (8) 思考 (　　) (9) 意思 (　　)
(10) 再考 (　　) (11) 考案 (　　) (12) 食卓 (　　)
(13) 卓球 (　　) (14) 敎卓 (　　) (15) 發見 (　　)
(16) 見學 (　　) (17) 會見 (　　) (18) 調和 (　　)
(19) 調査 (　　) (20) 調理 (　　) (21) 調書 (　　)
(22) 査定 (　　) (23) 內査 (　　) (24) 展示 (　　)
(25) 展開 (　　) (26) 發展 (　　) (27) 展望 (　　)
(28) 訓示 (　　) (29) 公示 (　　) (30) 合唱 (　　)
(31) 獨唱 (　　) (32) 歌唱 (　　) (33) 先唱 (　　)
(34) 曲線 (　　) (35) 作曲 (　　) (36) 名曲 (　　)
(37) 歌曲 (　　) (38) 始終 (　　) (39) 終結 (　　)
(40) 終末 (　　) (41) 終身 (　　) (42) 日課 (　　)
(43) 課外 (　　) (44) 課長 (　　) (45) 課題 (　　)
(46) 展示會 (　　) (47) 思考力 (　　) (48) 作曲家 (　　)
(49) 終着地 (　　) (50) 知識人 (　　) (51) 卓球場 (　　)

◆ 다음 밑줄 친 낱말을 漢字로 쓰세요.

(52) 화재 사고 원인을 조사하였습니다.   (　　　　)
(53) 우리들은 미술 전시회 구경을 하였습니다.   (　　　　)
(54) 깊이 사고하는 능력을 길러야 합니다.   (　　　　)
(55) 독서를 하면서 많은 지식을 얻었습니다.   (　　　　)
(56) 우리는 신문사 견학을 하였습니다.   (　　　　)
(57) 언니는 고등 학교 탁구 선수입니다.   (　　　　)
(58) 나는 학예회에서 독창을 하였습니다.   (　　　　)

제7과 연습 문제(2)   월   일   평가

◆ 다음의 漢字의 訓과 音을 쓰세요.

(59)	見	
(60)	課	
(61)	思	
(62)	示	
(63)	知	
(64)	卓	
(65)	終	

(66)	識	
(67)	考	
(68)	曲	
(69)	展	
(70)	査	
(71)	唱	
(72)	調	

◆ 다음 漢字語의 뜻을 쓰세요.

(73) 見學 (   )   (74) 作曲 (   )

(75) 獨唱 (   )

제7과 연습 문제 정답

(1) 통지   (2) 지면   (3) 감지   (4) 지식   (5) 식별
(6) 식자   (7) 식견   (8) 사고   (9) 의사   (10) 재고
(11) 고안   (12) 식탁   (13) 탁구   (14) 교탁   (15) 발견
(16) 견학   (17) 회견   (18) 조화   (19) 조사   (20) 조리
(21) 조서   (22) 사정   (23) 내사   (24) 전시   (25) 전개
(26) 발전   (27) 전망   (28) 훈시   (29) 공시   (30) 합창
(31) 독창   (32) 가창   (33) 선창   (34) 곡선   (35) 작곡
(36) 명곡   (37) 가곡   (38) 시종   (39) 종결   (40) 종말
(41) 종신   (42) 일과   (43) 과외   (44) 과장   (45) 과제
(46) 전시회   (47) 사고력   (48) 작곡가   (49) 종착지   (50) 지식인
(51) 탁구장   (52) 調査   (53) 展示會   (54) 思考   (55) 知識
(56) 見學   (57) 卓球   (58) 獨唱   (59) 볼 견/뵈올 현   (60) 공부할/과정 과
(61) 생각 사   (62) 보일 시   (63) 알 지   (64) 높을 탁   (65) 마칠 종
(66) 알 식/기록할 지   (67) 생각할 고   (68) 굽을 곡   (69) 펼 전   (70) 조사할 사
(71) 부를 창   (72) 고를 조   (73) 실제로 보고 배움   (74) 악곡을 창작함
(75) 혼자 노래를 부름

5급 한자 (99~100)

法 법법
부수: 水(氵)

方法(방법) 목적을 이루려는 수단이나 방식.
法院(법원) 사법권을 행사하는 기관.
法規(법규) 법률의 규정.
法堂(법당) 불상을 모시고 설법하는 곳.

院 집원
부수: 阜(阝)

學院(학원) 학교 이외의 사립 교육 기관.
院長(원장) 기관·시설을 대표하는 사람.
病院(병원) 병자를 진찰·치료하는 곳.
入院(입원) 병원에 들어감(숙식 치료).

✏️ `丶 氵 氵 汁 汁 法 法`

法	法	法	法	法	法
법 법					

✏️ `丨 阝 阝 阝 阝 阡 阡 院 院 院`

院	院	院	院	院	院
집 원					

5급 한자
(101~102)

無 없을 무
부수: 火(灬)

罪 허물 죄
부수: 罒

無力(무력) 힘이 없음.
無理(무리) 이치나 도리에 맞지 않음.
無知(무지) 아는 것이 없음.
無人島(무인도) 사람이 살지 않는 섬.

無罪(무죄) 잘못(허물)이 없음.
罪人(죄인) 죄를 지은 사람.
罪名(죄명) 범죄의 명칭.
有罪(유죄) 죄가 있음. ↔ 無罪(무죄).

✏️ ノ ト 仁 仁 缶 缶 無 無 無 無

無	無	無	無	無	無
없을 무					

✏️ 丶 冂 冂 罒 罒 罒 罪 罪 罪 罪 罪 罪

罪	罪	罪	罪	罪	罪
허물 죄					

5급 한자 (103~104)

許 허락할 허
부수: 言

可 옳을 가
부수: 口

許可(허가) 허락함.
特許(특허) 특별히 허락함.
許多(허다) 매우 많음. 수두룩함.

不可(불가) 옳지 않음.
可望(가망) 가능성 있는 희망.
可能(가능) 되거나 할 수 있음.
可決(가결) 옳다고 결정하는 것.

✏️ ` 一 二 三 言 言 言 許 許 許

許 許 許 許 許 許 許

허락할 허

✏️ 一 丁 丂 可 可

可 可 可 可 可 可 可

옳을 가

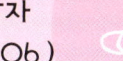

5급 한자
(105~106)

停 머무를 **정**
부수: 人(亻)

止 그칠 **지**
부수: 止

停年(정년) 퇴직하도록 정해진 연령.
停戰(정전) 전쟁을 중지함.
停電(정전) 전기가 한때 끊어짐.
停會(정회) 회의를 중도에서 그침.

停止(정지) 하던 일을 그침. 움직이던 것이 멈추거나 그침.
中止(중지) 하던 일을 중도에 그만 둠.
止熱(지열) 병으로 생긴 열을 내림. 내리게 함.

✏️ ノ 亻 亻 个 个 个 个 个 停 停 停

停	停	停	停	停	停
머무를 정					

✏️ 丨 丅 止 止

止	止	止	止	止	止
그칠 지					

5급 한자 (107~108)

典 법 전
부수: 八

- 法典(법전) 국가가 제정한 법규집.
- 古典(고전) 오랜 세월 동안 애독된 작품.
- 字典(자전) 한자의 뜻을 풀어 놓은 책.
- 典當(전당) 물건을 담보로 돈을 빌림.

令 하여금 령(영)
부수: 人

- 命令(명령) 윗사람이 시키는 것.
- 口令(구령) 단체 동작을 하도록 호령함.
- 軍令(군령) 군대 안에서의 명령.
- 法令(법령) 법률과 명령.

✏ 丨 冂 冃 由 曲 曲 典 典

典	典	典	典	典	典
법 전					

✏ ノ 人 스 今 令

令	令	令	令	令	令
하여금 령(영)					

5급 한자 (109~110)

種 씨 **종**
부수: 禾

種子(종자) 풀과 나무의 씨.
種目(종목) 종류의 항목.
人種(인종) 신체적 특성으로 분류한 인류의 종별(백인종, 흑인종, 황인종).

類 무리 **류(유)**
부수: 頁

種類(종류) 사물의 부문을 나누는 갈래.
人類(인류) 사람.
魚類(어류) 물고기의 무리.
同類(동류) 같은 종류.

✏️ ´ ⺧ 千 千 禾 禾 秆 秆 秆 秤 稩 種 種

種	種	種	種	種	種	種
씨 종						

✏️ ` ⺀ ⺈ 艹 米 米 米 米 类 类 类 类 斯 類 類 類 類

類	類	類	類	類	類	類
무리 류(유)						

5급 한자 (111~112)

案 책상 **안**
부수: 木

- 案內(안내) 인도하여 알려 주는 일.
- 草案(초안) 초 잡은 안.
- 案出(안출) 생각하여 냄.
- 考案(고안) 연구하여 생각해 냄.

件 물건 **건**
부수: 人(亻)

- 案件(안건) 조사하거나 논의할 일.
- 事件(사건) 문제가 되거나 주목받을 일.
- 用件(용건) 볼일.
- 物件(물건) 일정한 형체를 갖춘 모든 것.

✏️ 丶 ⸍ 宀 宀 安 安 安 安 案 案 案

案	案	案	案	案	案	案
책상 안						

✏️ 丿 亻 亻 亻 仁 件

件	件	件	件	件	件	件
물건 건						

제8과 연습 문제(1)　　월　　일　　평가

◆ 다음 漢字語의 讀音을 쓰세요.

(1) 方法 (　　)　　(2) 法院 (　　)　　(3) 法規 (　　)
(4) 法堂 (　　)　　(5) 學院 (　　)　　(6) 院長 (　　)
(7) 病院 (　　)　　(8) 入院 (　　)　　(9) 無力 (　　)
(10) 無理 (　　)　　(11) 無知 (　　)　　(12) 無人島 (　　)
(13) 無罪 (　　)　　(14) 罪人 (　　)　　(15) 罪名 (　　)
(16) 有罪 (　　)　　(17) 許可 (　　)　　(18) 特許 (　　)
(19) 許多 (　　)　　(20) 不可 (　　)　　(21) 可望 (　　)
(22) 可能 (　　)　　(23) 可決 (　　)　　(24) 停年 (　　)
(25) 停戰 (　　)　　(26) 停電 (　　)　　(27) 停會 (　　)
(28) 停止 (　　)　　(29) 中止 (　　)　　(30) 法典 (　　)
(31) 古典 (　　)　　(32) 字典 (　　)　　(33) 案內 (　　)
(34) 命令 (　　)　　(35) 口令 (　　)　　(36) 用件 (　　)
(37) 法令 (　　)　　(38) 種子 (　　)　　(39) 典當 (　　)
(40) 人種 (　　)　　(41) 種類 (　　)　　(42) 軍令 (　　)
(43) 魚類 (　　)　　(44) 同類 (　　)　　(45) 種目 (　　)
(46) 草案 (　　)　　(47) 案出 (　　)　　(48) 考案 (　　)
(49) 案件 (　　)　　(50) 事件 (　　)　　(51) 物件 (　　)

◆ 다음 밑줄 친 낱말을 漢字로 쓰세요.

(52) 재판을 하려고 법원으로 갔습니다.　　(　　　　)
(53) 유죄인가 무죄인가 재판으로 가려 봅시다.　　(　　　　)
(54) 자동차가 신호등 앞에서 정지하였습니다.　　(　　　　)
(55) 학원을 내려고 교육청의 허가를 받았습니다.　　(　　　　)
(56) 아버지는 고전을 많이 읽으라고 하였습니다.　　(　　　　)
(57) 나는 할아버지를 공원으로 안내하였습니다.　　(　　　　)
(58) 자료를 세 종류로 나누었습니다.　　(　　　　)

제8과 연습 문제(2)

월   일   평가

◆ 다음의 漢字의 訓과 음을 쓰세요.

(59)	種	
(60)	案	
(61)	令	
(62)	停	
(63)	法	
(64)	止	
(65)	可	

(66)	院	
(67)	典	
(68)	罪	
(69)	件	
(70)	許	
(71)	無	
(72)	類	

◆ 다음 漢字語의 뜻을 쓰세요.

(73) 病院 (   )   (74) 停戰 (   )

(75) 種子 (   )

제8과 연습 문제 정답

(1) 방법   (2) 법원   (3) 법규   (4) 법당   (5) 학원
(6) 원장   (7) 병원   (8) 입원   (9) 무력   (10) 무리
(11) 무지   (12) 무인도 (13) 무죄   (14) 죄인   (15) 죄명
(16) 유죄   (17) 허가   (18) 특허   (19) 허다   (20) 불가
(21) 가망   (22) 가능   (23) 가결   (24) 정년   (25) 정전
(26) 정전   (27) 정회   (28) 정지   (29) 중지   (30) 법전
(31) 고전   (32) 자전   (33) 안내   (34) 명령   (35) 구령
(36) 용건   (37) 법령   (38) 종자   (39) 전당   (40) 인종
(41) 종류   (42) 군령   (43) 어류   (44) 동류   (45) 종목
(46) 초안   (47) 안출   (48) 고안   (49) 안건   (50) 사건
(51) 물건   (52) 法院   (53) 無罪   (54) 停止   (55) 許可
(56) 古典   (57) 案內   (58) 種類   (59) 씨 종   (60) 책상 안
(61) 하여금 령(영) (62) 머무를 정 (63) 법 법 (64) 그칠 지 (65) 옳을 가
(66) 집 원 (67) 법 전   (68) 허물 죄 (69) 물건 건 (70) 허락할 허
(71) 없을 무 (72) 무리 류(유) (73) 병자를 진찰·치료하는 곳 (74) 전쟁을 중지함
(75) 풀과 나무의 씨

제 9 과
정 치

最 가장 최　初 처음 초

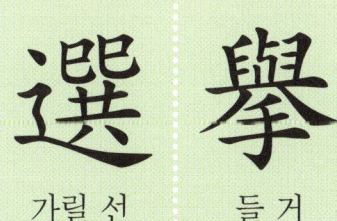
選 가릴 선　擧 들 거

順 순할 순　序 차례 서

相 서로 상　談 말씀 담

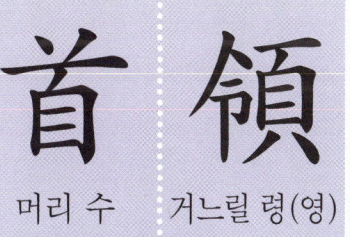
首 머리 수　領 거느릴 령(영)

德 큰 덕　望 바랄 망

必 반드시 필　要 요긴할 요

5급 한자 (113~114)

最 가장 최
부수: 曰

- 最初(최초) 맨 처음.
- 最新(최신) 가장 새로움.
- 最大(최대) 가장 큼.
- 最高(최고) 가장 높음. 가장 좋음.

初 처음 초
부수: 刀

- 初等(초등) 맨 처음 등급.
- 初級(초급) 맨 처음 등급.
- 初面(초면) 처음으로 대함. ↔ 舊面(구면)
- 初代(초대) 어떤 계통의 첫번째 차례.

✏️ 丶 冂 冃 日 旦 昦 昦 昦 冣 冣 最 最

最	最	最	最	最	最	最
가장 최						

✏️ 丶 ㇀ 衤 衤 衤 初 初

初	初	初	初	初	初	初
처음 초						

5급 한자 (115~116)

가릴 선 — 選
부수: 辵(辶)

- 選出(선출) 가려 뽑음.
- 選手(선수) 운동 경기·기술이 뛰어나 대표로 뽑힌 사람.
- 選定(선정) 가려서 정함.
- 選擧(선거) 여러 사람 중에서 대표를 뽑음.

들 거 — 擧
부수: 手

- 擧事(거사) 큰 일을 일으킴.
- 擧手(거수) 손을 위로 들어올림.
- 擧動(거동) 움직이는 태도. 몸가짐. 동작.
- 擧行(거행) 명령대로 시행함.

✏️ 丨 ㄱ 日 巴 쯔 甼 먣 쯮 巽 巽 選 選 選

選					
가릴 선					

✏️ ˊ ˋ 丨 F F F 亇 𠂇 𦥑 𦥑 𦥑 與 與 與 擧 擧 擧

擧					
들 거					

5급 한자 (117~118)

順 순할 순
부수: 頁

- 筆順(필순) 글씨를 쓰는 순서.
- 順理(순리) 도리에 순종함. 마땅한 이치나 도리.
- 順番(순번) 차례.
- 順調(순조) 아무 탈 없이 잘 되어 감.

序 차례 서
부수: 广

- 順序(순서) 정해 놓은 차례.
- 序文(서문) 머리말.
- 序曲(서곡) 가극 · 성극에서 개막 전에 연주하는 기악곡.

丿 丿 川 川 川 川 順 順 順 順 順 順

順	順	順	順	順	順	順
순할 순						

丶 亠 广 广 庐 序 序

序	序	序	序	序	序	序
차례 서						

5급 한자
(119~120)

 서로 **상**
부수: 目

 말씀 **담**
부수: 言

相面(상면) 서로 얼굴을 마주 대함.
相對(상대) 서로 마주 대함.
首相(수상) 내각의 우두머리. 국무 총리.
相談(상담) 서로 의논함.

談話(담화) 이야기함. 이야기.
面談(면담) 만나서 이야기함.
會談(회담) 모여서 이야기함.
美談(미담) 감동적인 아름다운 이야기.

✏️ 一 十 才 木 朩 相 相 相 相

相	相	相	相	相	相
서로 상					

✏️ 丶 二 ㇌ 言 言 言 言 訁 訁 談 談 談 談 談

談	談	談	談	談	談
말씀 담					

5급 한자 (121~122)

首 머리 수
부수: 首

首都(수도) 중앙 정부가 있는 도시.
首領(수령) 우두머리.
船首(선수) 뱃머리.
首席(수석) 맨 윗자리.

領 거느릴 령(영)
부수: 頁

領土(영토) 나라에서 통치하는 지역.
領空(영공) 영토와 영해 위의 하늘.
領海(영해) 나라에서 통치하는 바다.
領內(영내) 영토 안.

✏️ 丶 丷 丷 丷 产 产 首 首 首

首	首	首	首	首	首
머리 수					

✏️ ノ 人 𠂉 𠆢 令 令 令 領 領 領 領 領

領	領	領	領	領	領
거느릴 령(영)					

5급 한자
(123~124)

德 큰 덕
부수: 彳

望 바랄 망
부수: 月

道德(도덕) 인간으로서 마땅히 지켜야 할 도리.
德行(덕행) 어질고 너그러운 행실.
美德(미덕) 아름다운 덕행.
德望(덕망) 덕행으로 얻은 명성과 인망.

大望(대망) 큰 희망.
所望(소망) 어떤 일을 바람.
可望(가망) 가능성 있는 희망.
失望(실망) 희망을 잃음.

✎ ノ ク 彳 彳 彳 彳 彳 彳 彳 德 德 德 德

德 | 德 | 德 | 德 | 德 | 德
큰 덕

✎ ` 亠 亡 切 切 切 切 望 望 望

望 | 望 | 望 | 望 | 望 | 望
바랄 망

5급 한자 (125~126)

必 반드시 필
부수: 心

必勝(필승) 꼭 이김.
必讀(필독) 반드시 읽어야 함.
必要(필요) 꼭 소용이 있음.
必死(필사) 죽음을 각오하고 행함.

要 요긴할 요
부수: 襾

要領(요령) 사물의 으뜸 줄거리. 또는 잔꾀.
強要(강요) 강제로 요구함.
重要(중요) 중하고 요긴함.
要件(요건) 중요한 용건.

✏️ ` ソ 必 必 必

必	必	必	必	必	必	必
반드시 필						

✏️ 一 丆 襾 襾 襾 要 要 要

要	要	要	要	要	要	要
요긴할 요						

제9과 연습 문제(1)   월   일   평가

◆ 다음 漢字語의 讀音을 쓰세요.

(1) 最初 (　　) (2) 最新 (　　) (3) 最大 (　　)
(4) 要領 (　　) (5) 初等 (　　) (6) 初級 (　　)
(7) 初面 (　　) (8) 初代 (　　) (9) 選出 (　　)
(10) 選手 (　　) (11) 選定 (　　) (12) 選擧 (　　)
(13) 擧事 (　　) (14) 擧手 (　　) (15) 擧動 (　　)
(16) 擧行 (　　) (17) 筆順 (　　) (18) 順理 (　　)
(19) 順番 (　　) (20) 順調 (　　) (21) 順序 (　　)
(22) 序文 (　　) (23) 談話 (　　) (24) 相面 (　　)
(25) 相對 (　　) (26) 首相 (　　) (27) 相談 (　　)
(28) 對話 (　　) (29) 面談 (　　) (30) 會談 (　　)
(31) 强要 (　　) (32) 首都 (　　) (33) 首領 (　　)
(34) 船首 (　　) (35) 首席 (　　) (36) 領土 (　　)
(37) 領空 (　　) (38) 領海 (　　) (39) 領內 (　　)
(40) 道德 (　　) (41) 德行 (　　) (42) 美德 (　　)
(43) 德望 (　　) (44) 大望 (　　) (45) 所望 (　　)
(46) 可望 (　　) (47) 失望 (　　) (48) 重要 (　　)
(49) 必讀 (　　) (50) 必要 (　　) (51) 必死 (　　)

◆ 다음 밑줄 친 낱말을 漢字로 쓰세요.

(52) 고속 철도가 최초로 개통되었습니다.　　(　　　)
(53) 올봄에는 국회 의원 선거가 있습니다.　　(　　　)
(54) 환자들은 치료받는 순서를 기다렸습니다.　(　　　)
(55) 지도자는 덕망이 있어야 존경을 받습니다.　(　　　)
(56) 수재민들에게는 양식이 필요하였습니다.　(　　　)
(57) 선생님과 진로에 대하여 상담하였습니다.　(　　　)
(58) 부하들은 수령의 명령에 복종하였습니다.　(　　　)

제9과 연습 문제(2)   월   일   평가

◆ 다음의 漢字의 訓과 音을 쓰세요.

(59)	擧	
(60)	序	
(61)	領	
(62)	最	
(63)	望	
(64)	要	
(65)	談	

(66)	相	
(67)	初	
(68)	德	
(69)	選	
(70)	必	
(71)	順	
(72)	首	

◆ 다음 漢字語의 뜻을 쓰세요.

(73) 最高 (   )   (74) 美談 (   )

(75) 必勝 (   )

제9과 연습 문제 정답

(1) 최초 (2) 최신 (3) 최대 (4) 요령 (5) 초등
(6) 초급 (7) 초면 (8) 초대 (9) 선출 (10) 선수
(11) 선정 (12) 선거 (13) 거사 (14) 거수 (15) 거동
(16) 거행 (17) 필순 (18) 순리 (19) 순번 (20) 순조
(21) 순서 (22) 서문 (23) 담화 (24) 상면 (25) 상대
(26) 수상 (27) 상담 (28) 대화 (29) 면담 (30) 회담
(31) 강요 (32) 수도 (33) 수령 (34) 선수 (35) 수석
(36) 영토 (37) 영공 (38) 영해 (39) 영내 (40) 도덕
(41) 덕행 (42) 미덕 (43) 덕망 (44) 대망 (45) 소망
(46) 가망 (47) 실망 (48) 중요 (49) 필독 (50) 필요
(51) 필사 (52) 最初 (53) 選擧 (54) 順序 (55) 德望
(56) 必要 (57) 相談 (58) 首領 (59) 들 거 (60) 차례 서
(61) 거느릴 령(영) (62) 가장 최 (63) 바랄 망 (64) 요긴할 요 (65) 말씀 담
(66) 서로 상 (67) 처음 초 (68) 큰 덕 (69) 가릴 선 (70) 반드시 필
(71) 순할 순 (72) 머리 수 (73) 가장 높음 (74) 감동적인 아름다운 이야기
(75) 꼭 이김

제 10 과
봉 사

奉	仕
받들 봉	섬길 사

約	束
맺을 약	묶을 속

流	亡
흐를 류(유)	망할 망

救	災
구원할 구	재앙 재

兵	士
병사 병	선비 사

操	練
잡을 조	익힐 련(연)

責	任
꾸짖을 책	맡길 임

5급 한자 (127~128)

奉 받들 봉
부수: 大

- 奉養(봉양) 부모·조부모를 받들어 섬김.
- 信奉(신봉) 믿고 받듦.
- 奉命(봉명) 명령을 받듦.
- 奉事(봉사) 윗어른을 받들어 섬김.

仕 섬길 사
부수: 人(亻)

- 給仕(급사) 잔심부름하는 사람.
- 出仕(출사) 벼슬을 하여 관아에 나감.
- 奉仕(봉사) 남을 위해 힘씀.

✏️ 一 二 三 丰 夫 丢 秦 奉

奉	奉	奉	奉	奉	奉	奉
받들 봉						

✏️ 丿 亻 仁 什 仕

仕	仕	仕	仕	仕	仕	仕
섬길 사						

5급 한자 (129~130)

約 맺을 약
부수: 糸

言約(언약) 말로 약속함.
公約(공약) 국민에게 하는 약속.
要約(요약) 요점을 추려 냄.
節約(절약) 낭비하지 않고 아낌.

束 묶을 속
부수: 木

約束(약속) 장래 일을 서로 정해 둠.
結束(결속) 한 덩어리가 되게 묶음.
團束(단속) 경계를 단단히 하여 다잡음.
　　　　　규칙·명령을 잘 지키도록 통제함.

✏️ ㇀ 纟 纟 纟 糸 糸 約 約 約

約	約	約	約	約	約
맺을 약					

✏️ 一 ㇀ 厂 戸 甫 東 束

束	束	束	束	束	束
묶을 속					

5급 한자 (131~132)

流 흐를 류(유)
부수: 水(氵)

上流(상류) 물이 시작되는 쪽.
流行(유행) 새로운 양식이나 현상이 널리 퍼짐.
流失(유실) 물에 떠내려가 없어짐.
流通(유통) 상품이 거래됨.

亡 망할 망
부수: 亠

死亡(사망) 사람이 죽음.
亡國(망국) 나라가 망함.
亡身(망신) 창피를 당함.
亡命(망명) 남의 나라로 몸을 피함.

✏️ 丶 丶 氵 氵 汇 泸 泸 浐 流 流

流	流	流	流	流	流	流
흐를 류						

✏️ 丶 亠 亡

亡	亡	亡	亡	亡	亡	亡
망할 망						

5급 한자
(133~134)

 구원할 **구**

부수: 攵(攴)

 재앙 **재**

부수: 火

救出(구출) 구해 냄.
救國(구국) 나라를 구함.
救命(구명) 사람의 목숨을 구함.
救急車(구급차) 위급 환자를 나르는 차.

火災(화재) 불로 인한 재해.
水災(수재) 홍수나 장마로 인한 재해.
天災(천재) 자연 현상으로 일어나는 재난.
災害(재해) 재앙으로 입은 피해.

✏️ 一 十 寸 寸 求 求 求 求 救 救 救

救	救	救	救	救	救	救
구원할 구						

✏️ 丶 丷 巛 巛 災 災 災

災	災	災	災	災	災	災
재앙 재						

5급 한자 (135~136)

兵 병사 **병**
부수: 八

兵士(병사) 군사, 병정.
兵船(병선) 전쟁에 쓰는 배.
兵力(병력) 군대의 힘.
兵法(병법) 전쟁하는 방법. 전술.

士 선비 **사**
부수: 士

士兵(사병) 하사관 이하의 군인.
勇士(용사) 용맹스러운 사람.
名士(명사) 널리 이름난 사람.

✏️ ノ 厂 厂 斤 丘 兵 兵

兵	兵	兵	兵	兵	兵
병사 병					

✏️ 一 十 士

士	士	士	士	士	士
선비 사					

5급 한자 (137~138)

操 잡을 조
부수: 手(扌)

練 익힐 련(연)
부수: 糸

體操(체조) 일정한 규칙에 따르는 운동.
操作(조작) 기계 등을 다루어 움직임.
操業(조업) 작업을 실시함.
操心(조심) 실수가 없도록 마음을 삼가서 경계함.

練習(연습) 되풀이하여 익힘.
洗練(세련) 서투르지 않고 능숙함.
練兵場(연병장) 군대를 연습시키는 운동장.

一 † 扌 扌 扩 护 护 捛 捛 操 操 操

操 — 잡을 조

ㄥ 幺 幺 糸 糸 糸 糽 糽 紳 紳 紳 練 練

練 — 익힐 련(연)

5급 한자 (139~140)

責 꾸짖을 책
부수: 貝

- 責任(책임) 맡아서 해야 할 임무.
- 責望(책망) 허물을 들어 꾸짖음.
- 問責(문책) 잘못을 캐묻고 꾸짖음.
- 重責(중책) 무거운 책임.

任 맡길 임
부수: 人(亻)

- 任命(임명) 관직에 명함. 직무를 맡김.
- 放任(방임) 간섭하지 않고 내버려 둠.
- 信任(신임) 믿고 일을 맡김.
- 任用(임용) 직무를 맡겨 사람을 씀.

一 十 丰 主 丰 青 青 青 青 責 責

責 — 꾸짖을 책

丿 亻 亻 仁 仟 任

任 — 맡길 임

제10과 연습 문제(1) 월 일 평가

◆ 다음 漢字語의 讀音을 쓰세요.

(1) 奉仕 (   )   (2) 奉養 (   )   (3) 信奉 (   )
(4) 奉命 (   )   (5) 給仕 (   )   (6) 言約 (   )
(7) 公約 (   )   (8) 要約 (   )   (9) 節約 (   )
(10) 約束 (   )   (11) 結束 (   )   (12) 上流 (   )
(13) 流行 (   )   (14) 流失 (   )   (15) 流通 (   )
(16) 死亡 (   )   (17) 亡國 (   )   (18) 亡身 (   )
(19) 亡命 (   )   (20) 救出 (   )   (21) 救國 (   )
(22) 救命 (   )   (23) 火災 (   )   (24) 救急車 (   )
(25) 水災 (   )   (26) 天災 (   )   (27) 災害 (   )
(28) 兵士 (   )   (29) 兵船 (   )   (30) 兵力 (   )
(31) 兵法 (   )   (32) 士兵 (   )   (33) 勇士 (   )
(34) 名士 (   )   (35) 體操 (   )   (36) 操作 (   )
(37) 操心 (   )   (38) 操業 (   )   (39) 練習 (   )
(40) 洗練 (   )   (41) 團束 (   )   (42) 練兵場 (   )
(43) 責任 (   )   (44) 責望 (   )   (45) 問責 (   )
(46) 重責 (   )   (47) 任命 (   )   (48) 放任 (   )
(49) 信任 (   )   (50) 任用 (   )   (51) 流水 (   )

◆ 다음 밑줄 친 낱말을 漢字로 쓰세요.

(52) 어머니는 고아원에서 봉사 활동을 하십니다. (   )
(53) 국군의 날이라 병사들이 행진을 합니다. (   )
(54) 수재민을 구재하려고 성금을 냈습니다. (   )
(55) 홍수로 다리가 유실되었습니다. (   )
(56) 어려운 수학 연습 문제를 풀었습니다. (   )
(57) 내일 축구를 하자고 약속을 하였습니다. (   )
(58) 경찰은 시민을 보호할 책임이 있습니다. (   )

제10과 연습 문제(2)   월   일   평가

◆ 다음의 漢字의 訓과 音을 쓰세요.

(59)	責	
(60)	束	
(61)	流	
(62)	奉	
(63)	災	
(64)	士	
(65)	操	

(66)	仕	
(67)	練	
(68)	兵	
(69)	任	
(70)	亡	
(71)	約	
(72)	救	

◆ 다음 漢字語의 뜻을 쓰세요.

(73) 言約 (　　　　　　　)　　(74) 名士 (　　　　　　　　　)

(75) 信任 (　　　　　　　)

제10과 연습 문제 정답

(1) 봉사　(2) 봉양　(3) 신봉　(4) 봉명　(5) 급사
(6) 언약　(7) 공약　(8) 요약　(9) 절약　(10) 약속
(11) 결속　(12) 상류　(13) 유행　(14) 유실　(15) 유통
(16) 사망　(17) 망국　(18) 망신　(19) 망명　(20) 구출
(21) 구국　(22) 구명　(23) 화재　(24) 구급차　(25) 수재
(26) 천재　(27) 재해　(28) 병사　(29) 병선　(30) 병력
(31) 병법　(32) 사병　(33) 용사　(34) 명사　(35) 체조
(36) 조작　(37) 조심　(38) 조업　(39) 연습　(40) 세련
(41) 단속　(42) 연병장　(43) 책임　(44) 책망　(45) 문책
(46) 중책　(47) 임명　(48) 방임　(49) 신임　(50) 임용
(51) 유수　(52) 奉仕　(53) 兵士　(54) 救災　(55) 流失
(56) 練習　(57) 約束　(58) 責任　(59) 꾸짖을 책　(60) 묶을 속
(61) 흐를 류(유)　(62) 받들 봉　(63) 재앙 재　(64) 선비 사　(65) 잡을 조
(66) 섬길 사　(67) 익힐 련(연)　(68) 병사 병　(69) 맡길 임　(70) 망할 망
(71) 맺을 약　(72) 구원할 구　(73) 말로 약속함　(74) 널리 이름난 사람
(75) 믿고 일을 맡김

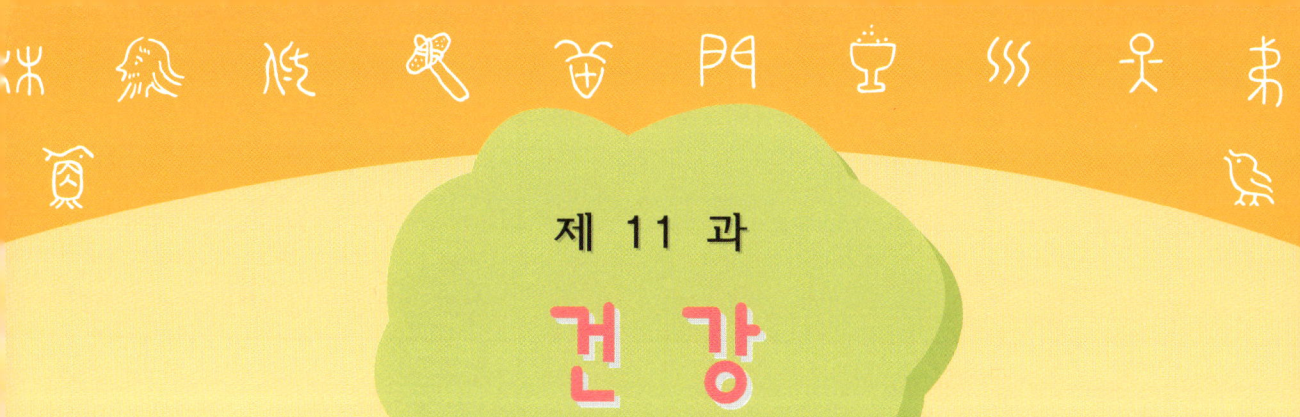

제 11 과
건 강

耳	鼻	關	節	宿	患
귀 이	코 비	관계할 관	마디 절	잘 숙/별자리 수	근심 환

原	因	洗	浴	效	能
언덕 원	인할 인	씻을 세	목욕할 욕	본받을 효	능할 능

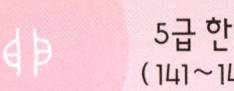

耳

귀 **이**

부수: 耳

鼻

코 **비**

부수: 鼻

耳目(이목) 귀와 눈. 남의 주의나 관심.
馬耳(마이) 말의 귀.
牛耳(우이) 소의 귀.
耳鼻(이비) 귀와 코. 〈예〉 이비인후과.

鼻音(비음) 콧소리.
耳目口鼻(이목구비) 귀, 눈, 입, 코.
鼻祖(비조) 시조.

一 丅 ㄒ F F 王 耳

耳	耳	耳	耳	耳	耳	耳
귀 이						

′ ′ 冂 白 白 自 自 鳥 鳥 鼻 畠 鼻 鼻 鼻

鼻	鼻	鼻	鼻	鼻	鼻	鼻
코 비						

5급 한자 (143~144)

關 관계할 관
부수: 門

關心(관심) 마음이 끌림.
相關(상관) 서로 관련이 있음.
關門(관문) 국경이나 요새의 성문. 또는 어려운 일을 통과해야 할 초입.

節 마디 절
부수: 竹

節約(절약) 꼭 필요한 데만 씀. 아껴 씀.
關節(관절) 뼈와 뼈가 연결된 부분.
名節(명절) 민속적으로 해마다 지켜 즐기는 날.
禮節(예절) 예의와 범절.

관계할 관

마디 절

5급 한자
(145~146)

宿 잘 **숙** / 별자리 **수**
부수: 宀

宿題(숙제) 복습·예습을 위한 과제.
宿食(숙식) 자고 먹음.
下宿(하숙) 일정한 돈을 내고 숙식함.
合宿(합숙) 여럿이 한 곳에 묵음.

患 근심 **환**
부수: 心

宿患(숙환) 오래 된 병.
患者(환자) 병을 앓는 사람. 병자.
患部(환부) 병 또는 상처가 난 곳.
老患(노환) 노쇠하여 생기는 병.

✏️ 丶 丷 宀 宀 宀 宀 宿 宿 宿

宿	宿	宿	宿	宿	宿
잘 숙/별자리 수					

✏️ 丶 口 口 吕 吕 串 串 患 患 患

患	患	患	患	患	患
근심 환					

5급 한자
(147~148)

原 언덕 원
부수: 厂

因 인할 인
부수: 口

原料(원료) 생산에 쓰이는 재료.
原始(원시) 처음. 시초.
原則(원칙) 여러 경우에 맞는 근본 법칙.
草原(초원) 풀이 난 들.

原因(원인) 사물이나 현상의 근본이 되는 까닭.
敗因(패인) 지거나 실패한 원인.
死因(사인) 죽은 까닭.
要因(요인) 중요한 원인.

一 厂 厂 厂 厂 厉 盾 原 原 原

原						
언덕 원						

丨 冂 冂 冈 因 因

因						
인할 인						

5급 한자 (149~150)

洗 씻을 세
부수: 水(氵)

洗面(세면) 얼굴을 씻음. 세수.
洗車(세차) 자동차를 씻음.
洗手(세수) 얼굴을 씻음.

浴 목욕할 욕
부수: 水(氵)

浴室(욕실) 목욕하는 방.
入浴(입욕) 목욕탕에 들어감.
海水浴(해수욕) 바닷물에서 즐기는 것.
日光浴(일광욕) 온몸에 햇빛을 쬐는 것.

✏️ 丶 氵 氵 氵 氵 汼 洰 洰 洗

洗	洗	洗	洗	洗	洗	洗
씻을 세						

✏️ 丶 丶 氵 氵 氵 氵 汖 汖 浴 浴

浴	浴	浴	浴	浴	浴	浴
목욕할 욕						

5급 한자 (151~152)

效 본받을 효
부수: 攵(攴)

效果(효과) 좋은 결과.
效力(효력) 효과·효험을 나타내는 힘.
無效(무효) 효력이 없음.
效用(효용) 일이나 작용의 보람.

能 능할 능
부수: 肉(月)

能力(능력) 일을 할 수 있는 힘.
效能(효능) 효험을 나타내는 능력.
可能(가능) 할 수 있거나 될 수 있는 것.
萬能(만능) 모든 일을 잘 함.

丶 亠 亠 六 方 交 交 交 効 效

效 | 본받을 효

ㄥ ㄠ ㅇ 育 育 育 能 能 能

能 | 능할 능

제11과 연습 문제(1)   월   일   평가

◆ 다음 漢字語의 讀音을 쓰세요.

(1) 耳目 (　　) (2) 馬耳 (　　) (3) 牛耳 (　　)
(4) 耳鼻 (　　) (5) 鼻音 (　　) (6) 名節 (　　)
(7) 關心 (　　) (8) 相關 (　　) (9) 節約 (　　)
(10) 禮節 (　　) (11) 宿題 (　　) (12) 宿食 (　　)
(13) 下宿 (　　) (14) 合宿 (　　) (15) 宿患 (　　)
(16) 患者 (　　) (17) 患部 (　　) (18) 老患 (　　)
(19) 原料 (　　) (20) 原始 (　　) (21) 原則 (　　)
(22) 草原 (　　) (23) 原因 (　　) (24) 敗因 (　　)
(25) 死因 (　　) (26) 要因 (　　) (27) 洗面 (　　)
(28) 洗車 (　　) (29) 洗手 (　　) (30) 關節 (　　)
(31) 浴室 (　　) (32) 入浴 (　　) (33) 效果 (　　)
(34) 效力 (　　) (35) 無效 (　　) (36) 效用 (　　)
(37) 能力 (　　) (38) 效能 (　　) (39) 可能 (　　)
(40) 萬能 (　　) (41) 海水浴 (　　) (42) 日光浴 (　　)
(43) 才能 (　　) (44) 耳目口鼻 (　　)

◆ 다음 밑줄 친 낱말을 漢字로 쓰세요.

(45) 할머니는 관절이 아파서 고생하십니다.　(　　)
(46) 할아버지는 숙환으로 입원하였습니다.　(　　)
(47) 경찰은 화재의 원인을 조사하였습니다.　(　　)
(48) 아이들은 바다에서 해수욕을 즐겼습니다.　(　　)
(49) 이 약은 효능이 좋아서 비쌉니다.　(　　)
(50) 주민들의 이목이 두려워 몰래 갔습니다.　(　　)
(51) 아침에 일어나면 세수부터 합니다.　(　　)
(52) 이목구비가 잘생긴 사람입니다.　(　　)

제11과 연습 문제(2) 월 일 평가

◆ 다음의 漢字의 訓과 音을 쓰세요.

(53)	效	
(54)	浴	
(55)	宿	
(56)	節	
(57)	鼻	
(58)	因	

(59)	患	
(60)	耳	
(61)	原	
(62)	能	
(63)	關	
(64)	洗	

◆ 다음 漢字語의 뜻을 쓰세요.

(65) 宿食 (   ) (66) 患者 (   )

(67) 草原 (   ) (68) 敗因 (   )

(69) 浴室 (   )

제11과 연습 문제 정답

(1) 이목 (2) 마이 (3) 우이 (4) 이비 (5) 비음
(6) 명절 (7) 관심 (8) 상관 (9) 절약 (10) 예절
(11) 숙제 (12) 숙식 (13) 하숙 (14) 합숙 (15) 숙환
(16) 환자 (17) 환부 (18) 노환 (19) 원료 (20) 원시
(21) 원칙 (22) 초원 (23) 원인 (24) 패인 (25) 사인
(26) 요인 (27) 세면 (28) 세차 (29) 세수 (30) 관절
(31) 욕실 (32) 입욕 (33) 효과 (34) 효력 (35) 무효
(36) 효용 (37) 능력 (38) 효능 (39) 가능 (40) 만능
(41) 해수욕 (42) 일광욕 (43) 재능 (44) 이목구비 (45) 關節
(46) 宿患 (47) 原因 (48) 海水浴 (49) 效能 (50) 耳目
(51) 洗手 (52) 耳目口鼻 (53) 본받을 효 (54) 목욕할 욕 (55) 잘 숙/별자리 수
(56) 마디 절 (57) 코 비 (58) 인할 인 (59) 근심 환 (60) 귀 이
(61) 언덕 원 (62) 능할 능 (63) 관계할 관 (64) 씻을 세 (65) 자고 먹음
(66) 병을 앓는 사람 (67) 풀이 난 들 (68) 지거나 실패한 원인 (69) 목욕하는 방

제 12 과
우 정

友	情	祝	福	善	惡
벗 우	뜻 정	빌 축	복 복	착할 선	악할 악/미워할 오
吉	凶	念	願	切	打
길할 길	흉할 흉	생각 념(염)	원할 원	끊을 절/온통 체	칠 타

5급 한자
(153~154)

友 벗 우
부수: 又

情 뜻 정
부수: 心(忄)

友人(우인) 친구.
友愛(우애) 형제 간의 사랑.
友情(우정) 친구 사이의 정.
交友(교우) 친구를 사귐.

人情(인정) 남을 동정하는 따뜻한 마음.
同情(동정) 알아 주고 마음아파하는 것.
愛情(애정) 사랑하는 마음.
情景(정경) 감흥과 경치.

✏️ 一 ナ 方 友

友	友	友	友	友	友	友
벗 우						

✏️ ⼁ ⼅ ⼅ ⼅ ⼅ ⼅ 忄 情 情 情 情

情	情	情	情	情	情
뜻 정					

117

5급 한자 (155~156)

祝 빌 축
부수: 示

- 祝歌(축가) 축하하는 노래.
- 祝福(축복) 행복을 빎.
- 祝電(축전) 축하하는 전보.
- 祝典(축전) 축하하는 의식.

福 복 복
부수: 示

- 多福(다복) 복이 많음.
- 幸福(행복) 복된 좋은 운수.
- 福音(복음) 기쁜 소식, 반가운 소식.

祝 필순: 一 二 亍 亍 禾 示 礻 祀 祝 祝

祝	祝	祝	祝	祝	祝
빌 축					

福 필순: 一 二 亍 亍 禾 示 礻 礻 祀 稻 福 福 福

福	福	福	福	福	福
복 복					

5급 한자
(157~158)

착할 **선**

부수: 口

악할 **악**
미워할 **오**

부수: 心

善行(선행) 착하고 어진 행실.
善意(선의) 착한 마음.
最善(최선) 가장 좋음.

惡童(악동) 행실이 나쁜 아이. 장난꾸러기.
惡人(악인) 악한 사람.
惡質(악질) 성질이 나쁨. 또는 그런 사람.
惡名(악명) 악하다는 소문이나 평판.

善 착할 선

惡 악할 악/미워할 오

5급 한자 (159~160)

吉 길할 길
부수: 口

- 吉日(길일) 좋은 날.
- 大吉(대길) 매우 좋음.
- 不吉(불길) 좋지 않음.
- 吉凶(길흉) 행복과 재앙.

凶 흉할 흉
부수: 凵

- 凶年(흉년) 농작물이 잘 되지 않은 해.
- 凶惡(흉악) 성질이 거칠고 사나움.
- 凶作(흉작) 농작물이 잘 되지 못함.
- 凶計(흉계) 음흉한 꾀.

✏️ 一 十 士 吉 吉 吉

吉 — 길할 길

✏️ ノ 乂 凶 凶

凶 — 흉할 흉

5급 한자
(161~162)

念 생각 념(염)
부수: 心

念願(염원) 생각하고 원함.
記念(기념) 뜻깊은 일 등을 마음에 간직함.
信念(신념) 굳게 믿는 마음.
無念(무념) 아무 생각이 없음.

願 원할 원
부수: 頁

願書(원서) 청원 내용을 적은 서류.
願望(원망) 원하고 바람.
民願(민원) 주민이 행정 기관에 요구하는 일.
所願(소원) 바라고 원함.

ノ 人 亽 今 今 念 念 念

念 생각 념(염)

一 厂 厂 厂 所 所 盾 原 原 原 原 願 願 願

願 원할 원

5급 한자 (163~164)

切 끊을 **절** / 온통 **체**
부수: 刀

- 親切(친절) 정답고 고분고분하게 대함.
- 切實(절실) 실제에 꼭 들어맞음.
- 切親(절친) 아주 친근함.
- 品切(품절) 물건이 다 팔려 없음.

打 칠 **타**
부수: 手(扌)

- 打者(타자) 야구에서 공을 치는 선수.
- 打開(타개) 막힌 일을 잘 처리함.
- 强打(강타) 강하게 침.
- 打作(타작) 곡식 이삭을 두드려 낟알을 거둠.

✏️ 一 七 切 切

切	切	切	切	切	切	切
끊을 절/온통 체						

✏️ 一 十 才 扌 打

打	打	打	打	打	打	打
칠 타						

제12과 연습 문제(1)   월   일   평가

◆ 다음 漢字語의 讀音을 쓰세요.

(1) 友人 (　　) (2) 友愛 (　　) (3) 友情 (　　)
(4) 交友 (　　) (5) 人情 (　　) (6) 同情 (　　)
(7) 愛情 (　　) (8) 情景 (　　) (9) 祝歌 (　　)
(10) 祝福 (　　) (11) 祝電 (　　) (12) 祝典 (　　)
(13) 多福 (　　) (14) 幸福 (　　) (15) 福音 (　　)
(16) 善行 (　　) (17) 善意 (　　) (18) 最善 (　　)
(19) 善惡 (　　) (20) 惡童 (　　) (21) 惡人 (　　)
(22) 惡質 (　　) (23) 惡名 (　　) (24) 吉日 (　　)
(25) 大吉 (　　) (26) 不吉 (　　) (27) 吉凶 (　　)
(28) 凶年 (　　) (29) 凶惡 (　　) (30) 凶作 (　　)
(31) 凶計 (　　) (32) 念願 (　　) (33) 記念 (　　)
(34) 信念 (　　) (35) 無念 (　　) (36) 願書 (　　)
(37) 願望 (　　) (38) 民願 (　　) (39) 所願 (　　)
(40) 親切 (　　) (41) 切實 (　　) (42) 切親 (　　)
(43) 品切 (　　) (44) 打者 (　　) (45) 打開 (　　)
(46) 强打 (　　) (47) 打作 (　　) (48) 打球 (　　)
(49) 立春大吉 (　　　　) (50) 入學願書 (　　　　)

◆ 다음 밑줄 친 낱말을 漢字로 쓰세요.

(51) 친구 사이의 우정은 소중합니다.　　　　(　　　)
(52) 두 사람의 결혼을 축복해 주었습니다.　　(　　　)
(53) 우리 국민은 모두 통일을 염원하였습니다.　(　　　)
(54) 점원들은 손님에게 친절해야 합니다.　　(　　　)
(55) 대문에 입춘대길이라고 써 붙였습니다.　　(　　　)
(56) 마을에서 흉악한 범인이 붙잡혔습니다.　　(　　　)
(57) 오빠는 야구부에서 강타자입니다.　　　(　　　)

제12과 연습 문제(2) 월 일 평가

◆ 다음의 漢字의 訓과 음을 쓰세요.

(58)	善	
(59)	切	
(60)	情	
(61)	凶	
(62)	祝	
(63)	願	

(64)	福	
(65)	友	
(66)	念	
(67)	吉	
(68)	惡	
(69)	打	

◆ 다음 漢字語의 뜻을 쓰세요.

(70) 善行 (   )   (71) 信念 (   )

(72) 品切 (   )

제12과 연습 문제 정답

(1) 우인   (2) 우애   (3) 우정   (4) 교우   (5) 인정
(6) 동정   (7) 애정   (8) 정경   (9) 축가   (10) 축복
(11) 축전   (12) 축전   (13) 다복   (14) 행복   (15) 복음
(16) 선행   (17) 선의   (18) 최선   (19) 선악   (20) 악동
(21) 악인   (22) 악질   (23) 악명   (24) 길일   (25) 대길
(26) 불길   (27) 길흉   (28) 흉년   (29) 흉악   (30) 흉작
(31) 흉계   (32) 염원   (33) 기념   (34) 신념   (35) 무념
(36) 원서   (37) 원망   (38) 민원   (39) 소원   (40) 친절
(41) 절실   (42) 절친   (43) 품절   (44) 타자   (45) 타개
(46) 강타   (47) 타작   (48) 타구   (49) 입춘대길   (50) 입학원서
(51) 友情   (52) 祝福   (53) 念願   (54) 親切   (55) 大吉
(56) 凶惡   (57) 強打者   (58) 착할 선   (59) 끊을 절/온통 체   (60) 뜻 정
(61) 흉할 흉   (62) 빌 축   (63) 원할 원   (64) 복 복   (65) 벗 우
(66) 생각 념(염)   (67) 길할 길   (68) 악할 악/미워할 오   (69) 칠 타
(70) 착하고 어진 행실   (71) 굳게 믿는 마음   (72) 물건이 다 팔려 없음

제 13 과
생 활

赤	屋	臣	位	當	歲
붉을 직	집 옥	신하 신	자리 위	마땅 당	해 세
億	倍	汽	熱	勞	給
억 억	곱 배	물끓는김 기	더울 열	일할 로(노)	줄 급

5급 한자 (165~166)

赤 붉을 적
부수: 赤

- 赤色(적색) 붉은 빛깔.
- 赤旗(적기) 빨간 깃발.
- 赤信號(적신호) 빨간 교통 신호(정지).
- 赤十字(적십자) 적십자사의 표징.

屋 집 옥
부수: 尸

- 屋上(옥상) 마당처럼 평평한 지붕 위.
- 屋內(옥내) 집 안. 실내.
- 屋外(옥외) 집 밖. 〈예〉옥외 집회.
- 韓屋(한옥) 우리 나라 고유의 재래식 집.

一 十 土 ナ 亣 赤 赤

赤 — 붉을 적

ㄱ ㄲ 尸 尸 尼 屄 屋 屋

屋 — 집 옥

5급 한자
(167~168)

臣 신하 신
부수: 臣

臣下(신하) 임금을 섬기는 벼슬아치.
重臣(중신) 중요한 벼슬을 하는 신하.
大臣(대신) 조선 시대 각 부의 으뜸 벼슬.
使臣(사신) 왕명으로 외국에 가는 신하.

位 자리 위
부수: 人(亻)

王位(왕위) 임금의 자리.
高位(고위) 높은 자리(높은 관직).
等位(등위) 등급. 같은 위치.
順位(순위) 순서를 나타내는 위치나 지위.

一 丁 瓦 丆 甬 臣

臣 — 신하 신

丿 亻 亻 亻 仂 位 位

位 — 자리 위

5급 한자 (169~170)

當 마땅 당
부수: 田

- 當番(당번) 차례로 돌아가면서 맡음.
- 當然(당연) 이치로 보아 마땅함.
- 當選(당선) 선거에서 뽑힘.
- 當日(당일) 그 날. 일이 있던 그 날.

歲 해 세
부수: 止

- 歲月(세월) 흘러가는 시간.
- 萬歲(만세) 만년. 두 손 들며 축복·번영을 외침.
- 年歲(연세) 나이를 높여 부르는 말.
- 歲入(세입) 일 년의 총수입. ↔ 세출.

✏️ ㅣ ㅣ ㅆ ㅛ ㅛ 꾸 冶 尚 告 告 常 常 當 當

當	當	當	當	當	當	當
마땅 당						

✏️ ㅣ ㅏ ㅑ 止 产 产 产 芹 芹 岁 歲 歲 歲

歲	歲	歲	歲	歲	歲	歲
해 세						

5급 한자 (171~172)

億 억 억
부수: 人(亻)

- 一億(일억) 만의 만 배.
- 億年(억년) 매우 긴 세월.
- 億萬年(억만년) 매우 오랜 세월.
- 億萬長者(억만장자) 큰 부자.

倍 곱 배
부수: 人(亻)

- 倍加(배가) 갑절로 늘림.
- 百倍(백배) 백 곱절. 아주 많이.
- 倍量(배량) 갑절의 양.
- 倍前(배전) 이전의 갑절. 전보다 더욱 더함.

✏ ノ 亻 亻 仁 仁 伫 倍 倍 倍 倍 億 億 億

億 | 억 억

✏ ノ 亻 亻 仁 仁 伫 位 倍 倍 倍

倍 | 곱 배

5급 한자 (173~174)

汽 물끓는김 **기**
부수: 水(氵)

汽車(기차) 증기의 힘으로 가는 차.
汽船(기선) 증기의 힘으로 가는 배.

熱 더울 **열**
부수: 火(灬)

熱心(열심) 한 사물에 깊이 마음을 기울임.
熱中(열중) 한 가지 일에 정신을 쏟음.
熱氣(열기) 뜨거운 기운.
高熱(고열) 높은 열(체온이 높아짐).

✏ ` ` ; 氵 氵 汽 汽 汽

汽	汽	汽	汽	汽	汽	汽
물끓는김 기						

✏ 一 十 土 耂 耂 耂 幸 坴 刲 執 執 埶 熱 熱 熱

熱	熱	熱	熱	熱	熱
더울 열					

5급 한자 (175~176)

勞 일할 로(노)
부수: 力

- 勞苦(노고) 애쓰고 고생함.
- 勞動(노동) 몸을 움직여 일함.
- 功勞(공로) 목적을 이루려고 힘쓴 노력.
- 過勞(과로) 지나치게 일해 피로함.

給 줄 급
부수: 糸

- 給食(급식) (학교 등에서) 음식물을 줌.
- 給水(급수) 물을 공급함.
- 月給(월급) 매월 받는 보수.
- 給料(급료) 일에 대한 보수.

✏️ ` ´ 丷 火 氺 炏 炉 炊 炊 炏 労 勞

勞	勞	勞	勞	勞	勞	勞
일할 로(노)						

✏️ ノ 乙 幺 乡 糸 糸 糽 紛 給 給 給

給	給	給	給	給	給	給
줄 급						

제13과 연습 문제(1) 월 일 평가

◆ 다음 漢字語의 讀音을 쓰세요.

(1) 赤色 (   )   (2) 赤旗 (   )   (3) 赤信號 (   )
(4) 屋上 (   )   (5) 屋內 (   )   (6) 赤十字 (   )
(7) 屋外 (   )   (8) 韓屋 (   )   (9) 洋屋 (   )
(10) 臣下 (   )   (11) 重臣 (   )   (12) 大臣 (   )
(13) 使臣 (   )   (14) 王位 (   )   (15) 高位 (   )
(16) 等位 (   )   (17) 順位 (   )   (18) 當番 (   )
(19) 當然 (   )   (20) 當選 (   )   (21) 當日 (   )
(22) 歲月 (   )   (23) 萬歲 (   )   (24) 年歲 (   )
(25) 歲入 (   )   (26) 億萬年 (   )   (27) 倍加 (   )
(28) 倍量 (   )   (29) 倍前 (   )   (30) 汽車 (   )
(31) 汽船 (   )   (32) 熱心 (   )   (33) 熱中 (   )
(34) 熱氣 (   )   (35) 高熱 (   )   (36) 勞苦 (   )
(37) 勞動 (   )   (38) 功勞 (   )   (39) 過勞 (   )
(40) 給食 (   )   (41) 給水 (   )   (42) 月給 (   )
(43) 給料 (   )   (44) 下位 (   )   (45) 首位 (   )
(46) 億萬長者 (   )   (47) 自給自足 (   )

◆ 다음 밑줄 친 낱말을 漢字로 쓰세요.

(48) 어려운 이웃을 위해 적십자 회비를 냈습니다. (   )
(49) 우리 집은 3억 원에 팔렸습니다.   (   )
(50) 우리 집은 오래 된 한옥입니다.   (   )
(51) 새 임금님이 여러 사람 앞에서 왕위에 올랐다. (   )
(52) 언니는 열심히 공부해서 대학에 합격하였다. (   )
(53) 젊은이는 노동해서 돈을 벌었습니다.   (   )
(54) 오늘은 아버지의 월급날입니다.   (   )
(55) 기념식에서 만세를 불렀습니다.   (   )

제13과 연습 문제(2)   월   일   평가

◆ 다음의 漢字의 訓과 音을 쓰세요.

(56)	臣	
(57)	屋	
(58)	歲	
(59)	給	
(60)	倍	
(61)	熱	

(62)	當	
(63)	億	
(64)	汽	
(65)	位	
(66)	勞	
(67)	赤	

◆ 다음 漢字語의 뜻을 쓰세요.

(68) 當選 (　　　　　) (69) 勞動 (　　　　　　　)

(70) 給食 (　　　　　　)

제13과 연습 문제 정답

(1) 적색　　(2) 적기　　(3) 적신호　　(4) 옥상　　(5) 옥내
(6) 적십자　(7) 옥외　　(8) 한옥　　　(9) 양옥　　(10) 신하
(11) 중신　 (12) 대신　 (13) 사신　　 (14) 왕위　 (15) 고위
(16) 등위　 (17) 순위　 (18) 당번　　 (19) 당연　 (20) 당선
(21) 당일　 (22) 세월　 (23) 만세　　 (24) 연세　 (25) 세입
(26) 억만년 (27) 배가　 (28) 배량　　 (29) 배전　 (30) 기차
(31) 기선　 (32) 열심　 (33) 열중　　 (34) 열기　 (35) 고열
(36) 노고　 (37) 노동　 (38) 공로　　 (39) 과로　 (40) 급식
(41) 급수　 (42) 월급　 (43) 급료　　 (44) 하위　 (45) 수위
(46) 억만장자 (47) 자급자족 (48) 赤十字 (49) 億　 (50) 韓屋
(51) 王位　 (52) 熱心　 (53) 勞動　　 (54) 月給　 (55) 萬歲
(56) 신하 신 (57) 집 옥 (58) 해 세　　 (59) 줄 급　(60) 곱 배
(61) 더울 열 (62) 마땅 당 (63) 억 억　 (64) 물끓는김 기 (65) 자리 위
(66) 일할 로(노) (67) 붉을 적 (68) 선거에서 뽑힘 (69) 몸을 움직여 일함 (70) 음식물을 줌

제 14 과
생 활

爭	害	朗	卒	湖	壇
다툴 쟁	해할 해	밝을 랑(낭)	마칠 졸	호수 호	단 단

敬	具	鮮	寫	元	期
공경 경	갖출 구	고울 선	베낄 사	으뜸 원	기약할 기

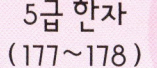

5급 한자
(177~178)

爭 다툴 쟁
부수: 爪(爫)

戰爭(전쟁) 국가 간에 무력으로 싸우는 것.
言爭(언쟁) 말다툼.
競爭(경쟁) 같은 목적을 두고 겨루어 다툼.

害 해할 해
부수: 宀

加害(가해) 남에게 해를 끼침.
水害(수해) 홍수로 인한 해.
有害(유해) 해가 있음. ↔ 無害(무해).
利害(이해) 이익과 손해.

ノ ノ ノ ク ヶ ヶ 争 爭

爭	爭	爭	爭	爭	爭
다툴 쟁					

丶 宀 宀 宀 宀 宀 宝 害 害 害

害	害	害	害	害	害
해할 해					

5급 한자 (179~180)

朗 밝을 랑(낭)
부수: 月

明朗(명랑) 밝고 쾌활함.
朗讀(낭독) 소리내어 읽음.
朗朗(낭랑) 빛이 매우 밝음. 소리가 맑고 또랑또랑함.

卒 마칠 졸
부수: 十

卒業(졸업) 정해진 교육 과정을 마침.
卒兵(졸병) 지위가 낮은 병사.
兵卒(병졸) 군사(군인).
軍卒(군졸) 군사(군인).

✎ ` ⼎ ⼎ ⼎ 𡆠 𡆣 良 良 朗 朗 朗

朗	朗	朗	朗	朗	朗	朗
밝을 랑(낭)						

✎ ` ⼀ ⼧ ⼧ ⼧ ⼧ 卒 卒

卒	卒	卒	卒	卒	卒	卒
마칠 졸						

5급 한자 (181~182)

湖 호수 호
부수: 水(氵)

壇 단 단
부수: 土

湖水(호수) 큰 못. 육지가 패어 물이 찬 곳.
湖心(호심) 호수의 한가운데.
江湖(강호) 강과 호수.

敎壇(교단) 교사가 강의할 때 서는 단.
壇上(단상) 교단·강단 등의 단 위.
花壇(화단) 꽃을 심기 위해 만든 꽃밭.
文壇(문단) 문학가(문인)들의 사회.

✏️ 丶 冫 氵 氵 汁 汁 洁 洁 浒 湖 湖 湖

湖	湖	湖	湖	湖	湖	湖
호수 호						

✏️ 一 十 土 坛 圹 圹 圹 坧 坧 坧 埴 壇 壇 壇 壇

壇	壇	壇	壇	壇	壇	壇
단 단						

5급 한자 (183~184)

敬 공경 **경**
부수: 攴(攵)

敬老(경로) 노인을 공경함.
敬禮(경례) 공경하는 뜻의 인사.
敬語(경어) 공경하는 뜻의 높임말.
敬意(경의) 존경하는 뜻.

具 갖출 **구**
부수: 八

家具(가구) 집안 살림에 쓰이는 기구.
道具(도구) 일에 쓰는 여러 연장.
工具(공구) 물건을 만들거나 고칠 때 쓰는 기구.
不具(불구) 몸에 결함이 있음.

✏️ 一 十 土 丗 丗 芍 芍 芍 苟 苟 苟 敬

敬	敬	敬	敬	敬	敬
공경 경					

✏️ 丨 冂 冂 月 目 且 具 具

具	具	具	具	具	具
갖출 구					

5급 한자
(185~186)

鮮 고울 **선**
부수: 魚

鮮明(선명) 산뜻하고 밝음.
新鮮感(신선감) 새롭고 산뜻한 느낌.
朝鮮(조선) 이성계가 세운 나라.
鮮度(선도) 채소·고기 등의 신선한 정도.

寫 베낄 **사**
부수: 宀

寫本(사본) 원본을 옮기어 베낌. 또는 베낀 서류나 책.
寫生畵(사생화) 실경을 그대로 그린 그림.
寫書(사서) 서류를 베낌.

✏ ノ ク ク 各 各 角 甪 角 魚 魚 魚 魚ˊ 魚ˊ 魚ˊ 鮮 鮮

鮮	鮮	鮮	鮮	鮮	鮮	鮮
고울 선						

✏ ` ` 宀 宀 宀 宁 宁 宵 宵 冩 寫 寫 寫 寫

寫	寫	寫	寫	寫	寫	寫
베낄 사						

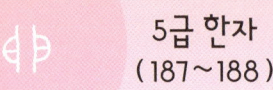

5급 한자 (187~188)

元 으뜸 원
부수: 儿

元氣(원기) 본디 타고난 기운.
元祖(원조) 시조. 처음 시작한 사람.
元年(원년) 어떤 일이 시작된 해.

期 기약할 기
부수: 月

期約(기약) 때를 정하여 약속함.
時期(시기) 때. 어떤 일·현상이 진행되는 시점.
初期(초기) 어느 기간의 처음 시기.
長期(장기) 오랜 기간.

一 二 テ 元

元 — 으뜸 원

一 十 卄 艹 甘 甚 其 其 刞 期 期 期

期 — 기약할 기

제14과 연습 문제(1) 　월　　일　평가

◆ 다음 漢字語의 讀音을 쓰세요.

(1) 戰爭 (　　) (2) 言爭 (　　) (3) 競爭 (　　)
(4) 加害 (　　) (5) 水害 (　　) (6) 有害 (　　)
(7) 利害 (　　) (8) 明朗 (　　) (9) 朗讀 (　　)
(10) 卒業 (　　) (11) 卒兵 (　　) (12) 兵卒 (　　)
(13) 軍卒 (　　) (14) 湖水 (　　) (15) 湖心 (　　)
(16) 江湖 (　　) (17) 敬語 (　　) (18) 敎壇 (　　)
(19) 壇上 (　　) (20) 花壇 (　　) (21) 文壇 (　　)
(22) 敬老 (　　) (23) 敬禮 (　　) (24) 工具 (　　)
(25) 寫書 (　　) (26) 鮮明 (　　) (27) 新鮮感 (　　)
(28) 朝鮮 (　　) (29) 鮮度 (　　) (30) 寫本 (　　)
(31) 汽船 (　　) (32) 元氣 (　　) (33) 寫生畵 (　　)
(34) 元祖 (　　) (35) 元年 (　　) (36) 不具 (　　)
(37) 期約 (　　) (38) 時期 (　　) (39) 初期 (　　)
(40) 長期 (　　) (41) 短期 (　　) (42) 期間 (　　)

◆ 다음 밑줄 친 낱말을 漢字로 쓰세요.

(43) 미국과 이라크가 전쟁을 하였습니다. (　　　　)
(44) 길에서 유해 식품을 사 먹지 맙시다. (　　　　)
(45) 우리 언니는 명랑한 소녀입니다. (　　　　)
(46) 오빠는 경일 중학교를 졸업하였습니다. (　　　　)
(47) 호수가 있는 마을로 소풍을 갔습니다. (　　　　)
(48) 이모는 소설이 당선되어 문단에 나갔습니다. (　　　　)
(49) 마을 경로당에서 잔치를 하였습니다. (　　　　)

제14과 연습 문제(2) 월 일 평가

◆ 다음의 漢字의 訓과 音을 쓰세요.

(50)	鮮	
(51)	卒	
(52)	害	
(53)	湖	
(54)	敬	
(55)	期	

(56)	壇	
(57)	寫	
(58)	具	
(59)	元	
(60)	爭	
(61)	朗	

◆ 다음 漢字語의 뜻을 쓰세요.

(62) 言爭 (   )   (63) 朗讀 (   )

(64) 長期 (   )   (65) 敬老 (   )

(66) 鮮明 (   )

제14과 연습 문제 정답

(1) 전쟁 (2) 언쟁 (3) 경쟁 (4) 가해 (5) 수해
(6) 유해 (7) 이해 (8) 명랑 (9) 낭독 (10) 졸업
(11) 졸병 (12) 병졸 (13) 군졸 (14) 호수 (15) 호심
(16) 강호 (17) 경어 (18) 교단 (19) 단상 (20) 화단
(21) 문단 (22) 경로 (23) 경례 (24) 공구 (25) 사서
(26) 선명 (27) 신선감 (28) 조선 (29) 선도 (30) 사본
(31) 기선 (32) 원기 (33) 사생화 (34) 원조 (35) 원년
(36) 불구 (37) 기약 (38) 시기 (39) 초기 (40) 장기
(41) 단기 (42) 기간 (43) 戰爭 (44) 有害 (45) 明朗
(46) 卒業 (47) 湖水 (48) 文壇 (49) 敬老堂 (50) 고울 선
(51) 마칠 졸 (52) 해할 해 (53) 호수 호 (54) 공경 경 (55) 기약할 기
(56) 단 단 (57) 베낄 사 (58) 갖출 구 (59) 으뜸 원 (60) 다툴 쟁
(61) 밝을 랑(낭) (62) 말다툼 (63) 소리내어 읽음 (64) 오랜 기간 (65) 노인을 공경함
(66) 산뜻하고 밝음

제 15 과
생 활

充	固	觀	己	比	的
채울 충	굳을 고	볼 관	몸 기	견줄 비	과녁 적
決	局	以	曜	貯	基
결단할 결	판 국	써 이	빛날 요	쌓을 저	터 기

5급 한자 (189~190)

充 채울 충
부수: 儿

充當(충당) 부족한 것을 채워서 메움.
充足(충족) 일정한 분량에 차거나 채움.
充分(충분) 모자람이 없이 넉넉함.
充實(충실) 필요한 것을 충분히 갖춤.

固 굳을 고
부수: 口

固體(고체) 굳은 물체.
固定(고정) 정한 대로 변경하지 않음.
固有(고유) 본디부터 가지고 있음.
固着(고착) 굳게 들러붙음.

✏️ 丶 一 亠 玄 亠 充

充	充	充	充	充	充	充
채울 충						

✏️ 丨 冂 冂 円 円 同 固 固

固	固	固	固	固	固	固
굳을 고						

5급 한자 (191~192)

 볼 관
부수: 見

 몸 기
부수: 己

觀光(관광) 경치·명소를 구경함.
觀客(관객) 공연 따위를 구경하는 사람.
觀望(관망) 멀리 바라봄. 형세를 바라봄.
觀戰(관전) 바둑·경기 따위를 구경함.

自己(자기) 그 사람 자신.
利己(이기) 자기의 이익만 꾀함.
利己心(이기심) 자기 이익만 꾀하는 마음.

觀 볼 관

己 몸 기

5급 한자 (193~194)

比 견줄 비
부수: 比

比例(비례) 예를 들어 견주어 봄.
比等(비등) 서로 비슷함.
比重(비중) 그것이 차지하는 중요 정도.
對比(대비) 서로 맞대어 비교함.

的 과녁 적
부수: 白

的中(적중) 목표에 어김없이 들어맞음.
目的(목적) 이루려고 하는 목표나 나아가는 방향.
公的(공적) 사회·국가적으로 관계됨.

一 ヒ 上 比

比	比	比	比	比	比	比
견줄 비						

′ 亻 白 白 白 白′ 的 的

的	的	的	的	的	的	的
과녁 적						

146

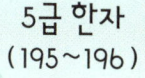

決 결단할 결
부수: 水(氵)

決定(결정) 결단하여 정함.
決心(결심) 마음을 굳게 정함.
決勝(결승) 마지막 승부를 결정함.
可決(가결) 인정하여 결정함.

局 판 국
부수: 尸

局長(국장) 局(국)이라는 조직의 책임자.
局面(국면) 어떤 일이 되어 가는 형세.
結局(결국) 일이 마무리되는 마당.
局部(국부) 전체 가운데 한 부분.

丶 氵 氵 汁 汁 决 決

決	決	決	決	決	決
결단할 결					

フ ㄱ 尸 尸 局 局 局

局	局	局	局	局	局
판 국					

5급 한자 (197~198)

以 써 이
부수: 人

以來(이래) 어느 일정한 때부터 지금까지.
以前(이전) 이제보다 전.
以後(이후) 기준이 되는 때를 포함해 그 뒤.
以下(이하) 그보다 적거나 못함.

曜 빛날 요
부수: 日

曜日(요일) 일월화수목금토의 날을 말함.
日曜日(일요일) 일주일의 첫날(휴일).
七曜日(칠요일) 일월화수목금토를 말함.
月曜病(월요병) 직장인이 월요일이면 느끼는 피로.

✏️ 丨 レ レ 以 以

以						
써 이						

✏️ 丨 冂 冂 日 日' 日' 日' 日ヨ 日ヨ 日ヨ 昭 昭 曜 曜 曜 曜

曜						
빛날 요						

5급 한자 (199~200)

貯 쌓을 저
부수: 貝

貯金(저금) 돈을 모아 둠.
貯水(저수) 물을 모아 둠.
貯水量(저수량) 저수지 따위에 모아 두는 물의 양.

基 터 기
부수: 土

基地(기지) 군대의 보급·통신·항공 등의 기점이 되는 곳.
基金(기금) 사업·행사 등을 위한 자금.
基本(기본) 사물의 가장 중요한 밑바탕.
基調(기조) 사상·학설 등의 기본적 경향.

✏️ 丨 冂 冃 月 目 貝 貝 貯 貯 貯 貯 貯

貯 쌓을 저

✏️ 一 十 卄 丗 甘 甘 並 其 其 basis 基

基 터 기

제15과 연습 문제(1)   월   일   평가

◆ 다음 漢字語의 讀音을 쓰세요.

(1) 充當 (   )   (2) 充足 (   )   (3) 充分 (   )
(4) 充實 (   )   (5) 固體 (   )   (6) 固定 (   )
(7) 固有 (   )   (8) 固着 (   )   (9) 觀光 (   )
(10) 觀客 (   )   (11) 觀望 (   )   (12) 觀戰 (   )
(13) 自己 (   )   (14) 利己 (   )   (15) 利己心 (   )
(16) 比例 (   )   (17) 比等 (   )   (18) 比重 (   )
(19) 對比 (   )   (20) 目的 (   )   (21) 的中 (   )
(22) 公的 (   )   (23) 基調 (   )   (24) 決定 (   )
(25) 決心 (   )   (26) 決勝 (   )   (27) 可決 (   )
(28) 結局 (   )   (29) 局面 (   )   (30) 局部 (   )
(31) 局長 (   )   (32) 以來 (   )   (33) 以前 (   )
(34) 以後 (   )   (35) 以下 (   )   (36) 日曜日 (   )
(37) 曜日 (   )   (38) 貯金 (   )   (39) 貯水 (   )
(40) 基地 (   )   (41) 基金 (   )   (42) 基本 (   )

◆ 다음 밑줄 친 낱말을 漢字로 쓰세요.

(43) 쉴 곳이 없으니 여기서 충분히 쉬고 가자.   (   )
(44) 우리 고유의 의상인 치마 저고리를 입고 가자. (   )
(45) 언니와 나는 저금을 많이 하였습니다.   (   )
(46) 이기심 때문에 일을 그르쳤습니다.   (   )
(47) 이번 시험에서는 한자의 비중이 높았습니다. (   )
(48) 자기 목적을 위하여 최선을 다하여라.   (   )
(49) 우리 나라 팀은 결승에 올라갔습니다.   (   )

제15과 연습 문제(2) 월   일   평가

◆ 다음의 漢字의 訓과 音을 쓰세요.

(50)	貯	
(51)	曜	
(52)	決	
(53)	的	
(54)	局	
(55)	觀	

(56)	己	
(57)	基	
(58)	比	
(59)	充	
(60)	以	
(61)	固	

◆ 다음 漢字語의 뜻을 쓰세요.

(62) 決心 (   )   (63) 貯金 (   )

(64) 觀客 (   )   (65) 利己 (   )

(66) 基金 (   )   (67) 固定 (   )

제15과 연습 문제 정답

(1) 충당 (2) 충족 (3) 충분 (4) 충실 (5) 고체
(6) 고정 (7) 고유 (8) 고착 (9) 관광 (10) 관객
(11) 관망 (12) 관전 (13) 자기 (14) 이기 (15) 이기심
(16) 비례 (17) 비등 (18) 비중 (19) 대비 (20) 목적
(21) 적중 (22) 공적 (23) 기조 (24) 결정 (25) 결심
(26) 결승 (27) 가결 (28) 결국 (29) 국면 (30) 국부
(31) 국장 (32) 이래 (33) 이전 (34) 이후 (35) 이하
(36) 일요일 (37) 요일 (38) 저금 (39) 저수 (40) 기지
(41) 기금 (42) 기본 (43) 充分 (44) 固有 (45) 貯金
(46) 利己心 (47) 比重 (48) 目的 (49) 決勝 (50) 쌓을 저
(51) 빛날 요 (52) 결단할 결 (53) 과녁 적 (54) 판 국 (55) 볼 관
(56) 몸 기 (57) 터 기 (58) 견줄 비 (59) 채울 충 (60) 써 이
(61) 굳을 고 (62) 마음을 굳게 정함 (63) 돈을 모아 둠 (64) 공연 따위를 구경하는 사람 (65) 자기의 이익만 꾀함 (66) 사업·행사 등을 위한 자금
(67) 정한 대로 변경하지 않음

5급 한자 예상 문제 제1회

◆ 다음 訓과 音에 맞는 漢字를 쓰세요.

(1) 세울 건   (   )   (2) 완전할 완   (   )
(3) 떨어질 락   (   )   (4) 장사 상   (   )
(5) 재물 재   (   )   (6) 도울 도   (   )
(7) 나그네 려(여) (   )   (8) 생각 사   (   )
(9) 법 법   (   )   (10) 고기잡을 어 (   )
(11) 처음 초   (   )   (12) 큰 덕   (   )
(13) 흐를 류   (   )   (14) 능할 능   (   )

◆ 漢字의 뜻이 같거나 비슷한 漢字를 골라 番號를 쓰세요.

(15) 寒(   ) - ① 韓 ② 水 ③ 冷 ④ 着
(16) 規(   ) - ① 則 ② 法 ③ 院 ④ 約
(17) 談(   ) - ① 言 ② 成 ③ 書 ④ 知
(18) 養(   ) - ① 敎 ② 訓 ③ 生 ④ 育
(19) 歷(   ) - ① 停 ② 史 ③ 過 ④ 週

◆ 다음 漢字의 약자를 쓰세요.

(20) 團		(24) 價		(28) 關	
(21) 鐵		(25) 傳		(29) 體	
(22) 變		(26) 獨		(30) 會	
(23) 廣		(27) 學		(31) 醫	

◆ 다음 漢字와 漢字語의 뜻과 반대 또는 상대가 되는 漢字를 쓰세요.

(32) 敗 (   )   (33) 賣 (   )   (34) 主 (   )
(35) 始 (   )   (36) 新 (   )   (37) 週初 (   )

5급 한자 예상 문제 제1회

(38) 無罪 (   )   (39) 最後 (   )   (40) 不參 (   )

◆ (   )안에 들어갈 漢字를 〈보기〉에서 골라 그 番號를 쓰세요.

〈보기〉 ① 利   ② 鼻   ③ 魚   ④ 河
         ⑤ 水   ⑥ 無   ⑦ 家   ⑧ 東

(41) 有口(   )言   (42) 落花流(   )   (43) 馬耳(   )風
(44) 百年(   )淸   (45) 水(   )之交   (46) 漁父之(   )
(47) 敗(   )亡身   (48) 耳目口(   )

◆ 다음 漢字와 음이 같은 漢字를 골라 그 番號를 쓰세요.

(49) 展 (   ) - ① 定   ② 弟   ③ 戰   ④ 材
(50) 初 (   ) - ① 草   ② 體   ③ 淸   ④ 村
(51) 雨 (   ) - ① 雲   ② 牛   ③ 用   ④ 運
(52) 望 (   ) - ① 萬   ② 末   ③ 每   ④ 亡
(53) 舊 (   ) - ① 國   ② 球   ③ 軍   ④ 貴
(54) 橋 (   ) - ① 敎   ② 告   ③ 高   ④ 曲
(55) 島 (   ) - ① 洞   ② 道   ③ 動   ④ 獨

◆ 다음 漢字語의 讀音을 쓰세요.

(56) 技能 (   )   (57) 兒童 (   )   (58) 完成 (   )
(59) 勝敗 (   )   (60) 陸軍 (   )   (61) 鐵橋 (   )
(62) 良心 (   )   (63) 商家 (   )   (64) 良質 (   )
(65) 偉人 (   )   (66) 落馬 (   )   (67) 旅客 (   )
(68) 最高級 (   ) (69) 生産地 (   ) (70) 思考力 (   )
(71) 敎育法 (   ) (72) 獨立國 (   ) (73) 黑人種 (   )
(74) 參加者 (   ) (75) 團體戰 (   ) (76) 團結心 (   )
(77) 養魚場 (   ) (78) 競爭者 (   ) (79) 責任感 (   )

5급 한자 예상 문제 제1회

(80) 選擧公約 (　　　　) (81) 奉仕活動 (　　　　)

(82) 到着時間 (　　　　) (83) 競技大會 (　　　　)

◆ 다음 漢字의 訓과 音을 쓰세요.

(84) 溫 (　　　) (85) 急 (　　　) (86) 傳 (　　　)

(87) 紙 (　　　) (88) 廣 (　　　) (89) 秋 (　　　)

(90) 集 (　　　) (91) 社 (　　　) (92) 祝 (　　　)

◆ 다음은 필순에 대한 문제입니다.

(93) 한자 '必'자의 삐침(丿)은 몇 번째에 쓰는지 숫자로 쓰세요. (　　　)

(94) 다음 한자에서 ㉠획의 쓰는 순서를 고르세요. (　　　)

① 네 번째　② 다섯 번째
③ 여섯 번째　④ 일곱 번째

제1회 예상 문제 정답

(1) 建　(2) 完　(3) 落　(4) 商　(5) 財
(6) 都　(7) 旅　(8) 思　(9) 法　(10) 漁
(11) 初　(12) 德　(13) 流　(14) 能　(15) ③
(16) ②　(17) ①　(18) ④　(19) ③　(20) 団
(21) 鉄　(22) 変　(23) 広　(24) 価　(25) 伝
(26) 独　(27) 学　(28) 関　(29) 体　(30) 会
(31) 医　(32) 勝　(33) 買　(34) 客　(35) 終
(36) 舊　(37) 週末　(38) 有罪　(39) 最初　(40) 參加
(41) ⑥　(42) ⑤　(43) ⑧　(44) ④　(45) ③
(46) ①　(47) ⑦　(48) ②　(49) ③　(50) ①
(51) ②　(52) ④　(53) ②　(54) ①　(55) ②
(56) 기능　(57) 아동　(58) 완성　(59) 승패　(60) 육군
(61) 철교　(62) 양심　(63) 상가　(64) 양질　(65) 위인
(66) 낙마　(67) 여객　(68) 최고급　(69) 생산지　(70) 사고력
(71) 교육법　(72) 독립국　(73) 흑인종　(74) 참가자　(75) 단체전
(76) 단결심　(77) 양어장　(78) 경쟁자　(79) 책임감　(80) 선거 공약
(81) 봉사 활동　(82) 도착 시간　(83) 경기 대회　(84) 따뜻할 온　(85) 급할 급
(86) 전할 전　(87) 종이 지　(88) 넓을 광　(89) 가을 추　(90) 모을 집
(91) 모일 사　(92) 빌 축　(93) 2　(94) ③

5급 한자 예상 문제 제2회

◆ 다음 訓과 音에 맞는 漢字를 쓰세요.

(1) 값 가   (   )   (2) 노래 가   (   )
(3) 느낄 감   (   )   (4) 나라 국   (   )
(5) 뿌리 근   (   )   (6) 대답 답   (   )
(7) 길 도   (   )   (8) 예도 례   (   )
(9) 길 로   (   )   (10) 일만 만   (   )
(11) 밝을 명   (   )   (12) 아름다울 미   (   )

◆ 다음 漢字의 약자를 쓰세요.

(13)	國		(17)	擧		(21)	禮	
(14)	萬		(18)	區		(22)	無	
(15)	數		(19)	對		(23)	發	
(16)	實		(20)	圖		(24)	體	

◆ 漢字의 뜻이 같거나 비슷한 漢字를 골라 番號를 쓰세요.

(25) 件(   ) - ① 建   ② 物   ③ 化   ④ 便
(26) 綠(   ) - ① 靑   ② 白   ③ 黃   ④ 黑
(27) 路(   ) - ① 同   ② 旅   ③ 老   ④ 道
(28) 院(   ) - ① 住   ② 實   ③ 室   ④ 原
(29) 番(   ) - ① 順   ② 序   ③ 地   ④ 半
(30) 名(   ) - ① 號   ② 命   ③ 姓   ④ 有
(31) 古(   ) - ① 都   ② 時   ③ 舊   ④ 過

◆ 다음 漢字의 뜻과 반대 또는 상대가 되는 漢字를 쓰세요.

(32) 夕 (   )   (33) 弱 (   )   (34) 遠 (   )

5급 한자 예상 문제 제2회

(35) 短 (　　　) (36) 大 (　　　) (37) 樂 (　　　)
(38) 老 (　　　) (39) 生 (　　　) (40) 善 (　　　)

◆ (　　)안에 들어갈 漢字를 〈보기〉에서 골라 그 番號를 쓰세요.

〈보기〉 ① 以　② 庭　③ 言　④ 生
　　　⑤ 同　⑥ 功　⑦ 山　⑧ 不

(41) 家(　　)敎育　(42) 見物(　　)心　(43) 空(　　)明月
(44) 論(　　)行賞　(45) 身土(　　)二　(46) (　　)心傳心
(47) 一口二(　　)　(48) 一心(　　)體

◆ 다음 漢字와 음이 같은 漢字를 골라 그 番號를 쓰세요.

(49) 神 (　　) - ① 心　② 身　③ 失　④ 植
(50) 全 (　　) - ① 定　② 切　③ 展　④ 赤
(51) 地 (　　) - ① 集　② 主　③ 天　④ 紙
(52) 窓 (　　) - ① 唱　② 車　③ 着　④ 室
(53) 害 (　　) - ① 海　② 河　③ 會　④ 孝
(54) 花 (　　) - ① 患　② 和　③ 韓　④ 學
(55) 畵 (　　) - ① 州　② 重　③ 書　④ 善
(56) 石 (　　) - ① 先　② 成　③ 雪　④ 夕
(57) 産 (　　) - ① 相　② 商　③ 算　④ 線

◆ 다음 漢字語의 讀音을 쓰세요.

(58) 發電 (　　　) (59) 畵家 (　　　) (60) 海草 (　　　)
(61) 祖國 (　　　) (62) 通話 (　　　) (63) 地球 (　　　)
(64) 電話 (　　　) (65) 洋服 (　　　) (66) 運動 (　　　)
(67) 旅費 (　　　) (68) 愛讀 (　　　) (69) 線路 (　　　)
(70) 使用 (　　　) (71) 反對 (　　　) (72) 動物 (　　　)

5급 한자 예상 문제 제2회

(73) 飮食物 (　　　) (74) 植物園 (　　　) (75) 使命感 (　　　)
(76) 相談室 (　　　) (77) 旅人宿 (　　　) (78) 工事費 (　　　)
(79) 開業式 (　　　) (80) 待合室 (　　　) (81) 愛國歌 (　　　)

◆ 다음 漢字의 訓과 音을 쓰세요.

(82) 場 (　　　) (83) 陽 (　　　) (84) 術 (　　　)
(85) 事 (　　　) (86) 分 (　　　) (87) 放 (　　　)
(88) 聞 (　　　) (89) 理 (　　　) (90) 固 (　　　)
(91) 秋 (　　　) (92) 表 (　　　) (93) 風 (　　　)

◆ 다음은 필순에 대한 문제입니다.

(94) 다음 한자의 쓰는 순서가 바르게 된 것을 고르세요. (　　　)

① 2-3-4-5-1　② 1-4-5-2-3
③ 1-2-3-4-5　④ 2-3-1-4-5

제2회 예상 문제 정답

(1) 價　(2) 歌　(3) 感　(4) 國　(5) 根
(6) 答　(7) 道　(8) 禮　(9) 路　(10) 萬
(11) 明　(12) 美　(13) 国　(14) 万　(15) 数
(16) 実　(17) 挙　(18) 区　(19) 対　(20) 図
(21) 礼　(22) 无　(23) 発　(24) 体　(25) ②
(26) ①　(27) ④　(28) ③　(29) ②　(30) ①
(31) ③　(32) 朝　(33) 強　(34) 近　(35) 長
(36) 小　(37) 苦　(38) 少　(39) 死　(40) 惡
(41) ②　(42) ④　(43) ⑦　(44) ⑥　(45) ⑧
(46) ①　(47) ③　(48) ⑤　(49) ②　(50) ③
(51) ④　(52) ①　(53) ①　(54) ②　(55) ①
(56) ④　(57) ③　(58) 발전　(59) 화가　(60) 해초
(61) 조국　(62) 통화　(63) 지구　(64) 전화　(65) 양복
(66) 운동　(67) 여비　(68) 애독　(69) 선로　(70) 사용
(71) 반대　(72) 동물　(73) 음식물　(74) 식물원　(75) 사명감
(76) 상담실　(77) 여인숙　(78) 공사비　(79) 개업식　(80) 대합실
(81) 애국가　(82) 마당 장　(83) 볕 양　(84) 재주 술　(85) 일 사
(86) 나눌 분　(87) 놓을 방　(88) 들을 문　(89) 다스릴 리(이)　(90) 굳을 고
(91) 가을 추　(92) 겉 표　(93) 바람 풍　(94) ④

5급 한자 예상 문제 제3회

◆ 다음 漢字語의 讀音을 쓰세요.

(1) 苦戰 (   )   (2) 開發 (   )   (3) 農藥 (   )
(4) 話術 (   )   (5) 現場 (   )   (6) 訓話 (   )
(7) 韓國 (   )   (8) 朝鮮 (   )   (9) 體溫 (   )
(10) 直角 (   ) (11) 地圖 (   ) (12) 庭園 (   )
(13) 電話 (   ) (14) 作家 (   ) (15) 衣服 (   )
(16) 院長 (   ) (17) 外交 (   ) (18) 永遠 (   )
(19) 新聞 (   ) (20) 時計 (   ) (21) 所感 (   )
(22) 野球 (   ) (23) 陽地 (   ) (24) 住所 (   )
(25) 果樹園 (   ) (26) 同窓會 (   ) (27) 食用油 (   )

◆ 漢字의 뜻이 같거나 비슷한 漢字를 골라 番號를 쓰세요.

(28) 年 (   ) - ① 日   ② 週   ③ 歲   ④ 月
(29) 屋 (   ) - ① 宅   ② 場   ③ 客   ④ 村
(30) 家 (   ) - ① 財   ② 窓   ③ 屋   ④ 校
(31) 考 (   ) - ① 思   ② 識   ③ 調   ④ 說
(32) 卓 (   ) - ① 上   ② 見   ③ 輕   ④ 高
(33) 兒 (   ) - ① 小   ② 童   ③ 男   ④ 祖
(34) 朗 (   ) - ① 鮮   ② 明   ③ 讀   ④ 信
(35) 文 (   ) - ① 字   ② 材   ③ 章   ④ 敎
(36) 知 (   ) - ① 識   ② 學   ③ 念   ④ 練
(37) 河 (   ) - ① 流   ② 江   ③ 湖   ④ 山

◆ 다음 訓과 音에 맞는 漢字를 쓰세요.

(38) 더울 열   (   )   (39) 홀로 독   (   )
(40) 다리 교   (   )   (41) 둥글 단   (   )
(42) 복 복   (   )   (43) 뜻 정   (   )

5급 한자 예상 문제 제3회

(44) 쌓을 저　(　　　)　　(45) 해 세　　(　　　)
(46) 붓 필　　(　　　)　　(47) 검을 흑　(　　　)
(48) 모일 회　(　　　)　　(49) 특별할 특　(　　　)
(50) 빠를 속　(　　　)　　(51) 말 마　　(　　　)

◆ 다음 漢字의 약자를 쓰세요.

| (52) | 號 | | (54) | 數 | | (56) | 當 | |
| (53) | 醫 | | (55) | 災 | | (57) | 畫 | |

◆ 다음 漢字와 음이 같은 漢字를 골라 그 番號를 쓰세요.

(58) 孝 (　　) - ① 後　② 會　③ 休　④ 效
(59) 兄 (　　) - ① 形　② 許　③ 現　④ 向
(60) 住 (　　) - ① 中　② 州　③ 重　④ 全
(61) 調 (　　) - ① 族　② 卒　③ 種　④ 操
(62) 典 (　　) - ① 傳　② 正　③ 長　④ 節
(63) 音 (　　) - ① 銀　② 溫　③ 飮　④ 邑
(64) 洋 (　　) - ① 野　② 夜　③ 要　④ 養
(65) 樹 (　　) - ① 順　② 數　③ 宿　④ 消
(66) 省 (　　) - ① 成　② 西　③ 船　④ 序
(67) 線 (　　) - ① 性　② 石　③ 雪　④ 選

◆ 다음 漢字의 뜻과 반대 또는 상대가 되는 漢字를 쓰세요.

(68) 弱 (　　　)　(69) 直 (　　　)　(70) 男 (　　　)
(71) 多 (　　　)　(72) 後 (　　　)　(73) 右 (　　　)
(74) 入 (　　　)　(75) 祖 (　　　)　(76) 主 (　　　)
(77) 溫 (　　　)　(78) 成 (　　　)　(79) 夜 (　　　)

5급 한자 예상 문제 제3회

(80) 日 (　　　) (81) 手 (　　　) (82) 上 (　　　)

◆ (　　)안에 들어갈 漢字를 〈보기〉에서 골라 그 番號를 쓰세요.

> 〈보기〉 ①見 ②天 ③同 ④可 ⑤風
> ⑥死 ⑦三 ⑧自 ⑨勞 ⑩西

(83) 犬馬之(　　) (84) 九(　　)一生 (85) 東問(　　)答
(86) 不問(　　)知 (87) 先(　　)之明 (88) (　　)問自答
(89) 作心(　　)日 (90) 靑(　　)白日 (91) 草綠(　　)色

◆ 다음은 필순에 대한 문제입니다.

(92) 한자 '氷'에서 'ㅣ'는 몇 번째에 쓰는 지 숫자로 쓰세요. (　　)

(93) 다음의 한자를 쓰는 순서대로 番號를 나열하세요.
(　　　　　　　　)

제3회 예상 문제 정답

(1) 고전　(2) 개발　(3) 농약　(4) 화술　(5) 현장
(6) 훈화　(7) 한국　(8) 조선　(9) 체온　(10) 직각
(11) 지도　(12) 정원　(13) 전화　(14) 작가　(15) 의복
(16) 원장　(17) 외교　(18) 영원　(19) 신문　(20) 시계
(21) 소감　(22) 야구　(23) 양지　(24) 주소　(25) 과수원
(26) 동창회　(27) 식용유　(28) ③　(29) ①　(30) ③
(31) ①　(32) ④　(33) ②　(34) ②　(35) ③
(36) ①　(37) ②　(38) 熱　(39) 獨　(40) 橋
(41) 團　(42) 福　(43) 情　(44) 貯　(45) 歲
(46) 筆　(47) 黑　(48) 會　(49) 特　(50) 速
(51) 馬　(52) 号　(53) 医　(54) 数　(55) 灾
(56) 当　(57) 画　(58) ④　(59) ①　(60) ②
(61) ④　(62) ①　(63) ③　(64) ④　(65) ②
(66) ①　(67) ④　(68) 强　(69) 曲　(70) 女
(71) 少　(72) 前　(73) 左　(74) 出　(75) 孫
(76) 客　(77) 冷　(78) 敗　(79) 畫　(80) 月
(81) 足　(82) 下　(83) ⑨　(84) ⑥　(85) ⑩
(86) ④　(87) ①　(88) ⑧　(89) ⑦　(90) ②
(91) ③　(92) 1　(93) 11-10-8-9-6-7-1-2-3-4-5

5급 한자 예상 문제 제4회

◆ 다음 漢字語의 讀音을 쓰세요.

(1) 明朗 (　　)　(2) 敬老 (　　)　(3) 月給 (　　)
(4) 觀光 (　　)　(5) 知能 (　　)　(6) 鮮明 (　　)
(7) 相關 (　　)　(8) 情景 (　　)　(9) 屋內 (　　)
(10) 當選 (　　)　(11) 落選 (　　)　(12) 萬能 (　　)
(13) 品種 (　　)　(14) 綠葉 (　　)　(15) 風景 (　　)
(16) 藥局 (　　)　(17) 宿命 (　　)　(18) 葉書 (　　)
(19) 識見 (　　)　(20) 性格 (　　)　(21) 健實 (　　)
(22) 練習 (　　)　(23) 着陸 (　　)　(24) 參觀 (　　)
(25) 問責 (　　)　(26) 反則 (　　)　(27) 感知 (　　)
(28) 藥效 (　　)　(29) 操心 (　　)　(30) 注意 (　　)
(31) 變質 (　　)　(32) 級數 (　　)　(33) 空間 (　　)
(34) 雨期 (　　)　(35) 福利 (　　)　(36) 都邑 (　　)
(37) 舊式 (　　)　(38) 告發 (　　)　(39) 當時 (　　)
(40) 冷戰 (　　)　(41) 花壇 (　　)　(42) 運命 (　　)

◆ 다음 漢字의 訓과 音을 쓰세요.

(43) 節 (　　)　(44) 類 (　　)　(45) 果 (　　)
(46) 訓 (　　)　(47) 夏 (　　)　(48) 便 (　　)
(49) 淸 (　　)　(50) 集 (　　)　(51) 注 (　　)
(52) 園 (　　)　(53) 無 (　　)　(54) 賣 (　　)

◆ 다음 訓과 音에 맞는 漢字를 쓰세요.

(55) 수컷 웅　(　　)　(56) 날랠 용　(　　)
(57) 누를 황　(　　)　(58) 제목 제　(　　)
(59) 말씀 어　(　　)　(60) 그럴 연　(　　)
(61) 들 야　(　　)　(62) 편안할 안　(　　)

5급 한자 예상 문제 제4회

(63) 심을 식   (   )   (64) 살필 성   (   )

(65) 장사 상   (   )   (66) 부릴 사   (   )

(67) 옷 복   (   )   (68) 바랄 망   (   )

◆ (   )안에 들어갈 漢字를 〈보기〉에서 골라 그 番號를 쓰세요.

〈보기〉	① 獨	② 川	③ 衣	④ 不	⑤ 山
	⑥ 夏	⑦ 代	⑧ 聞	⑨ 別	⑩ 北

(69) 白(   )民族   (70) 春(   )秋冬   (71) 子孫萬(   )

(72) 山(   )草木   (73) 南男(   )女   (74) 男女有(   )

(75) 人(   )人海   (76) 今時初(   )   (77) 無男(   )女

(78) (   )遠千里

◆ 다음 漢字語의 뜻을 쓰세요.

(79) 通信 (   )   (80) 分類 (   )

(81) 便利 (   )   (82) 貯金 (   )

다음 漢字의 뜻과 반대 또는 상대가 되는 漢字를 쓰세요.

(83) 近 (   )   (84) 去 (   )   (85) 上 (   )

(86) 黑 (   )   (87) 初 (   )   (88) 前 (   )

(89) 答 (   )   (90) 兄 (   )   (91) 有 (   )

(92) 善 (   )   (93) 天 (   )   (94) 男 (   )

◆ 漢字의 뜻이 같거나 비슷한 漢字를 골라 番號를 쓰세요.

(95) 樹(   ) - ① 植   ② 木   ③ 水   ④ 林

(96) 衣(   ) - ① 洋   ② 着   ③ 服   ④ 身

(97) 社(   ) - ① 會   ② 長   ③ 親   ④ 交

(98) 觀(   ) - ① 景   ② 光   ③ 關   ④ 見

5급 한자 예상 문제 제4회

(99) 教(　　) - ① 訓　② 校　③ 育　④ 養
(100) 始(　　) - ① 開　② 終　③ 初　④ 作
(101) 戰(　　) - ① 打　② 和　③ 兵　④ 爭
(102) 式(　　) - ① 公　② 法　③ 名　④ 形
(103) 念(　　) - ① 學　② 習　③ 思　④ 信

◆ 다음은 필순에 대한 문제입니다.

(104) 다음 한자를 쓰는 순서가 올바르게 된 것을 고르세요. (　　)

① 3-4-1-2-5-7-6　② 3-4-5-7-6-1-2
③ 1-2-3-4-5-6-7　④ 1-2-5-7-6-3-4

(105) 다음 한자에서 ㉠은 몇 번째로 쓰는지 숫자로 쓰세요.
(　　)

제4회 예상 문제 정답

(1) 명랑　(2) 경로　(3) 월급　(4) 관광　(5) 지능
(6) 선명　(7) 상관　(8) 정경　(9) 옥내　(10) 당선
(11) 낙선　(12) 만능　(13) 품종　(14) 녹엽　(15) 풍경
(16) 약국　(17) 숙명　(18) 엽서　(19) 식견　(20) 성격
(21) 건실　(22) 연습　(23) 착륙　(24) 참관　(25) 문책
(26) 반칙　(27) 감지　(28) 약효　(29) 조심　(30) 주의
(31) 변질　(32) 급수　(33) 공간　(34) 우기　(35) 복리
(36) 도읍　(37) 구식　(38) 고발　(39) 당시　(40) 냉전
(41) 화단　(42) 운명　(43) 마디 절　(44) 무리 류(유)　(45) 실과 과
(46) 가르칠 훈　(47) 여름 하　(48) 편할 편/똥오줌 변　(49) 맑을 청　(50) 모을 집
(51) 부을 주　(52) 동산 원　(53) 없을 무　(54) 팔 매　(55) 雄
(56) 勇　(57) 黃　(58) 題　(59) 語　(60) 然
(61) 野　(62) 安　(63) 植　(64) 省　(65) 商
(66) 使　(67) 服　(68) 望　(69) ③　(70) ⑥
(71) ⑦　(72) ②　(73) ⑩　(74) ⑨　(75) ⑤
(76) ⑧　(77) ①　(78) ④　(79) 소식·정보를 전함
(80) 종류에 따라 나눔　(81) 편하고 쉬움　(82) 돈을 모아 둠　(83) 遠　(84) 來
(85) 下　(86) 白　(87) 終　(88) 後　(89) 問
(90) 弟　(91) 無　(92) 惡　(93) 地　(94) 女
(95) ②　(96) ③　(97) ①　(98) ④　(99) ①
(100) ③　(101) ④　(102) ②　(103) ③　(104) ①　(105) 3

5급 한자
총정리

- 5급 한자(8·7·6급 포함) 500자 읽기 연습
- 5급 한자 500자 훈음 쓰기
- 5급 한자 500자 쓰기
- 약자 / 반의어·상대어
- 동음 이의어 / 한자 성어
- 유의어 / 두음 법칙
- 동자 이음어
- 한자어 독음 쓰기(1,820 단어)

5급 한자 총정리

5급 한자 읽기 연습 (8급·7급·6급 300자)

家	집 가	校	학교 교	短	짧을 단	路	길 로(노)
歌	노래 가	敎	가르칠 교	答	대답할 답	老	늙을 로(노)
角	뿔 각	口	입 구	堂	집 당	綠	푸를 록(녹)
各	각각 각	九	아홉 구	大	큰 대	六	여섯 륙(육)
間	사이 간	球	공 구	代	대신할 대	里	마을 리(이)
感	느낄 감	區	구분할 구	對	대할 대	理	다스릴 리(이)
江	강/물 강	國	나라 국	待	기다릴 대	利	이로울 리(이)
强	강할 강	軍	군사 군	道	길 도	李	오얏 리(이)
開	열 개	郡	고을 군	圖	그림 도	林	수풀 림(임)
車	수레 거(차)	根	뿌리 근	度	법도도/헤아릴탁	立	설 립(입)
京	서울 경	近	가까울 근	讀	읽을 독/구절 두	萬	일만 만
界	지경 계	今	이제 금	同	한가지 동	每	매양 매
計	셀/꾀할 계	金	쇠 금/성 김	冬	겨울 동	面	낯 면
高	높을 고	急	급할 급	東	동녘 동	名	이름 명
苦	쓸 고	級	등급 급	洞	고을 동	命	목숨 명
古	예 고	氣	기운 기	動	움직일 동	明	밝을 명
公	공평할 공	記	기록할 기	童	아이 동	母	어미 모
功	공 공	旗	기 기	頭	머리 두	木	나무 목
共	함께 공	南	남녘 남	等	무리 등	目	눈 목
工	장인 공	男	사내 남	登	오를 등	文	글월 문
空	빌 공	內	안 내	樂	즐길 락/풍류 악	門	문 문
科	과목 과	女	계집 녀(여)	來	올 래(내)	問	물을 문
果	실과 과	年	해 년(연)	力	힘 력(역)	聞	들을 문
光	빛 광	農	농사 농	例	법식 례(예)	物	물건 물
交	사귈 교	多	많을 다	禮	예도 례(예)	米	쌀 미

5급 한자 총정리

5급 한자 읽기 연습 (8급·7급·6급 300자)

美	아름다울 미	使	부릴 사	孫	손자 손	夜	밤 야
民	백성 민	死	죽을 사	水	물 수	弱	약할 약
朴	성/순박할 박	山	메 산	手	손 수	藥	약 약
反	돌이킬 반	算	셈할 산	數	셀 수	洋	큰바다 양
半	반 반	三	석 삼	樹	나무 수	陽	볕 양
班	나눌 반	上	위 상	術	재주 술	語	말씀 어
發	필/쏠 발	色	빛 색	習	익힐 습	言	말씀 언
放	놓을 방	生	날 생	勝	이길 승	業	업 업
方	모 방	西	서녘 서	市	저자 시	然	그럴 연
白	흰 백	書	글 서	時	때 시	英	꽃부리 영
百	일백 백	石	돌 석	始	비로소 시	永	길 영
番	차례 번	席	자리 석	食	밥/먹을 식	五	다섯 오
別	다를/나눌 별	夕	저녁 석	植	심을 식	午	낮 오
病	병 병	先	먼저 선	式	법 식	溫	따뜻할 온
服	옷 복	線	줄 선	信	믿을 신	王	임금 왕
本	근본 본	雪	눈 설	身	몸 신	外	바깥 외
父	아비 부	成	이룰 성	新	새 신	勇	날랠 용
夫	지아비 부	省	살필 성/덜 생	神	귀신 신	用	쓸 용
部	거느릴 부	姓	성씨 성	失	잃을 실	右	오른쪽 우
北	북녘북/달아날배	世	인간/세상 세	室	집/실내 실	運	옮길 운
分	나눌 분	小	작을 소	心	마음 심	園	동산 원
不	아니 불(부)	少	적을/젊을 소	十	열 십	遠	멀 원
四	넉 사	所	바/곳 소	安	편안할 안	月	달 월
事	일 사	消	사라질 소	愛	사랑 애	有	있을 유
社	모일 사	速	빠를 속	野	들 야	由	말미암을 유

油	기름	유	戰	싸움	전	窓	창	창	夏	여름 하
育	기를	육	電	번개	전	川	내	천	學	배울 학
銀	은	은	全	온전할	전	千	일천	천	韓	나라/한국 한
音	소리	음	前	앞	전	天	하늘	천	漢	한나라 한
飮	마실	음	正	바를	정	靑	푸를	청	合	합할 합
邑	고을	읍	庭	뜰	정	淸	맑을	청	海	바다 해
意	뜻	의	定	정할	정	體	몸	체	幸	다행 행
醫	의원	의	第	차례	제	草	풀	초	行	다닐 행
衣	옷	의	題	제목	제	寸	마디	촌	向	향할 향
二	두	이	弟	아우	제	村	마을	촌	現	나타날 현
人	사람	인	祖	할아비/조상 조		秋	가을	추	形	모양 형
一	한	일	朝	아침	조	春	봄	춘	兄	형/맏 형
日	날	일	族	겨레	족	出	날	출	號	이름 호
入	들	입	足	발	족	親	친할	친	和	화목할 화
自	스스로	자	左	왼쪽	좌	七	일곱	칠	畵	그림 화/그을 획
子	아들	자	主	주인	주	太	클	태	火	불 화
字	글자	자	住	머무를	주	土	흙	토	話	말할 화
者	놈	자	注	부을	주	通	통할	통	花	꽃 화
昨	어제	작	晝	낮	주	特	특별할	특	活	살 활
作	지을	작	中	가운데	중	八	여덟	팔	黃	누를 황
章	글	장	重	무거울	중	便	편할 편/똥오줌 변		會	모일 회
長	긴/어른	장	紙	종이	지	平	평평할	평	孝	효도 효
場	마당/곳	장	地	땅	지	表	겉	표	後	뒤 후
才	재주	재	直	곧을	직	風	바람	풍	訓	가르칠 훈
在	있을	재	集	모을	집	下	아래	하	休	쉴 휴

5급 한자 총정리

5급 한자 읽기 연습 (5급 신출 한자 200자)

한자	훈	음	한자	훈	음	한자	훈	음	한자	훈	음
加	더할	가	觀	볼	관	都	도읍	도	法	법	법
可	옳을	가	廣	넓을	광	獨	홀로	독	變	변할	변
價	값	가	橋	다리	교	落	떨어질	락(낙)	兵	병사	병
改	고칠	개	具	갖출	구	朗	밝을	랑(낭)	福	복	복
客	손	객	救	구원할	구	冷	찰	랭(냉)	奉	받들	봉
去	갈	거	舊	예	구	良	어질	량(양)	比	견줄	비
擧	들	거	局	판	국	量	헤아릴	량(양)	費	쓸	비
件	물건	건	貴	귀할	귀	旅	나그네	려(여)	鼻	코	비
建	세울	건	規	법	규	歷	지날	력(역)	氷	얼음	빙
健	굳셀	건	給	줄	급	練	익힐	련(연)	士	선비	사
格	격식	격	己	몸	기	令	하여금	령(영)	仕	섬길	사
見	볼 견/뵈올 현		技	재주	기	領	거느릴	령(영)	史	사기	사
決	결단할	결	汽	물끓는김	기	勞	일할	로(노)	査	조사할	사
結	맺을	결	基	터	기	料	헤아릴	료(요)	思	생각	사
景	볕	경	期	기약할	기	流	흐를	류(유)	寫	베낄	사
敬	공경	경	吉	길할	길	類	무리	류(유)	産	낳을	산
輕	가벼울	경	念	생각	념(염)	陸	뭍	륙(육)	相	서로	상
競	다툴	경	能	능할	능	馬	말	마	商	장사	상
固	굳을	고	團	둥글	단	末	끝	말	賞	상줄	상
考	생각할	고	壇	단	단	亡	망할	망	序	차례	서
告	고할	고	談	말씀	담	望	바랄	망	仙	신선	선
曲	굽을	곡	當	마땅	당	買	살	매	船	배	선
課	공부할/과정	과	德	큰	덕	賣	팔	매	善	착할	선
過	지날	과	到	이를	도	無	없을	무	選	가릴	선
關	관계할	관	島	섬	도	倍	곱	배	鮮	고울	선

說	말씀	설	曜	빛날	요	典	법	전	最	가장	최
性	성품	성	浴	목욕할	욕	展	펼	전	祝	빌	축
洗	씻을	세	牛	소	우	傳	전할	전	充	채울	충
歲	해	세	友	벗	우	切	끊을 절/온통 체		致	이를	치
束	묶을	속	雨	비	우	節	마디	절	則	법칙 칙/곧 즉	
首	머리	수	雲	구름	운	店	가게	점	他	다를	타
宿	잘 숙/별자리 수		雄	수컷	웅	停	머무를	정	打	칠	타
順	순할	순	元	으뜸	원	情	뜻	정	卓	높을	탁
示	보일	시	院	집	원	調	고를	조	炭	숯	탄
識	알 식/기록할 지		原	언덕	원	操	잡을	조	宅	집	택(댁)
臣	신하	신	願	원할	원	卒	마칠	졸	板	널	판
實	열매	실	位	자리	위	終	마칠	종	敗	패할	패
兒	아이	아	偉	클	위	種	씨	종	品	물건	품
惡	악할 악/미워할 오		以	써	이	罪	허물	죄	必	반드시	필
案	책상	안	耳	귀	이	州	고을	주	筆	붓	필
約	맺을	약	因	인할	인	週	주일	주	河	물	하
養	기를	양	任	맡길	임	止	그칠	지	寒	찰	한
魚	고기/물고기 어		材	재목	재	知	알	지	害	해할	해
漁	고기잡을 어		財	재물	재	質	바탕	질	許	허락할	허
億	억	억	再	두	재	着	붙을	착	湖	호수	호
熱	더울	열	災	재앙	재	參	참여할 참/석 삼		化	될	화
葉	잎	엽	爭	다툴	쟁	唱	부를	창	患	근심	환
屋	집	옥	貯	쌓을	저	責	꾸짖을	책	效	본받을	효
完	완전할	완	赤	붉을	적	鐵	쇠	철	凶	흉할	흉
要	요긴할	요	的	과녁	적	初	처음	초	黑	검을	흑

5급 한자 총정리

5급 한자 500자 훈음 쓰기 (8급·7급·6급 300자)

한자		한자		한자		한자	
家		校		短		路	
歌		敎		答		老	
角		口		堂		綠	
各		九		大		六	
間		球		代		里	
感		區		對		理	
江		國		待		利	
强		軍		道		李	
開		郡		圖		林	
車		根		度		立	
京		近		讀		萬	
界		今		同		每	
計		金		冬		面	
高		急		東		名	
苦		級		洞		命	
古		氣		動		明	
公		記		童		母	
功		旗		頭		木	
共		南		等		目	
工		男		登		文	
空		內		樂		門	
科		女		來		問	
果		年		力		聞	
光		農		例		物	
交		多		禮		米	

美		使		孫		夜	
民		死		水		弱	
朴		山		手		藥	
反		算		數		洋	
半		三		樹		陽	
班		上		術		語	
發		色		習		言	
放		生		勝		業	
方		西		市		然	
白		書		時		英	
百		石		始		永	
番		席		食		五	
別		夕		植		午	
病		先		式		溫	
服		線		信		王	
本		雪		身		外	
父		成		新		勇	
夫		省		神		用	
部		姓		失		右	
北		世		室		運	
分		小		心		園	
不		少		十		遠	
四		所		安		月	
事		消		愛		有	
社		速		野		由	

5급 한자 총정리

5급 한자 500자 훈음 쓰기 (8급·7급·6급 300자)

油		戰		窓		夏	
育		電		川		學	
銀		全		千		韓	
音		前		天		漢	
飮		正		靑		合	
邑		庭		淸		海	
意		定		體		幸	
醫		第		草		行	
衣		題		寸		向	
二		弟		村		現	
人		祖		秋		形	
一		朝		春		兄	
日		族		出		號	
入		足		親		和	
自		左		七		畫	
子		主		太		火	
字		住		土		話	
者		注		通		花	
昨		晝		特		活	
作		中		八		黃	
章		重		便		會	
長		紙		平		孝	
場		地		表		後	
才		直		風		訓	
在		集		下		休	

5급 한자 500자 훈음 쓰기 (신출 한자 200자)

加		觀		都		法	
可		廣		獨		變	
價		橋		落		兵	
改		具		朗		福	
客		救		冷		奉	
去		舊		良		比	
擧		局		量		費	
件		貴		旅		鼻	
建		規		歷		氷	
健		給		練		士	
格		己		令		仕	
見		技		領		史	
決		汽		勞		査	
結		基		料		思	
景		期		流		寫	
敬		吉		類		産	
輕		念		陸		相	
競		能		馬		商	
固		團		末		賞	
考		壇		亡		序	
告		談		望		仙	
曲		當		買		船	
課		德		賣		善	
過		到		無		選	
關		島		倍		鮮	

5급 한자 500자 훈음 쓰기 (신출 한자 200자)

說		曜		典		最	
性		浴		展		視	
洗		牛		傳		充	
歲		友		切		致	
束		雨		節		則	
首		雲		店		他	
宿		雄		停		打	
順		元		情		卓	
示		院		調		炭	
識		原		操		宅	
臣		願		卒		板	
實		位		終		敗	
兒		偉		種		品	
惡		以		罪		必	
案		耳		州		筆	
約		因		週		河	
養		任		止		寒	
魚		材		知		害	
漁		財		質		許	
億		再		着		湖	
熱		災		參		化	
葉		爭		唱		患	
屋		貯		責		效	
完		赤		鐵		凶	
要		的		初		黑	

5급 漢字 500자 쓰기 (8급·7급·6급 300자)

집 가		학교 교		짧을 단		길 로(노)	
노래 가		가르칠 교		대답할 답		늙을 로(노)	
뿔 각		입 구		집 당		푸를 록(녹)	
각각 각		아홉 구		큰 대		여섯 륙(육)	
사이 간		공 구		대신할 대		마을 리(이)	
느낄 감		구분할 구		대할 대		다스릴 리(이)	
강/물 강		나라 국		기다릴 대		이로울 리(이)	
강할 강		군사 군		길 도		오얏 리(이)	
열 개		고을 군		그림 도		수풀 림(임)	
수레 거(차)		뿌리 근		법도도/헤아릴탁		설 립(입)	
서울 경		가까울 근		읽을 독/구절 두		일만 만	
지경 계		이제 금		한가지 동		매양 매	
셀/꾀할 계		쇠 금/성 김		겨울 동		낮 면	
높을 고		급할 급		동녘 동		이름 명	
쓸 고		등급 급		고을 동		목숨 명	
예 고		기운 기		움직일 동		밝을 명	
공평할 공		기록할 기		아이 동		어미 모	
공 공		기 기		머리 두		나무 목	
함께 공		남녘 남		무리 등		눈 목	
장인 공		사내 남		오를 등		글월 문	
빌 공		안 내		즐길 락/풍류 악		문 문	
과목 과		계집 녀(여)		올 래(내)		물을 문	
실과 과		해 년(연)		힘 력(역)		들을 문	
빛 광		농사 농		법식 례(예)		물건 물	
사귈 교		많을 다		예도 례(예)		쌀 미	

5급 한자 총정리

5급 漢字 500자 쓰기 (8급·7급·6급 300자)

아름다울 미		부릴 사		손자 손		밤 야	
백성 민		죽을 사		물 수		약할 약	
성/순박할 박		메 산		손 수		약 약	
돌이킬 반		셈할 산		셀 수		큰바다 양	
반 반		석 삼		나무 수		볕 양	
나눌 반		위 상		재주 술		말씀 어	
필/쏠 발		빛 색		익힐 습		말씀 언	
놓을 방		날 생		이길 승		업 업	
모 방		서녘 서		저자 시		그럴 연	
흰 백		글 서		때 시		꽃부리 영	
일백 백		돌 석		비로소 시		길 영	
차례 번		자리 석		밥/먹을 식		다섯 오	
다를/나눌 별		저녁 석		심을 식		낮 오	
병 병		먼저 선		법 식		따뜻할 온	
옷 복		줄 선		믿을 신		임금 왕	
근본 본		눈 설		몸 신		바깥 외	
아비 부		이룰 성		새 신		날랠 용	
지아비 부		살필 성/덜 생		귀신 신		쓸 용	
거느릴 부		성씨 성		잃을 실		오른쪽 우	
북녘북/달아날배		인간/세상 세		집/실내 실		옮길 운	
나눌 분		작을 소		마음 심		동산 원	
아니 불(부)		적을/젊을 소		열 십		멀 원	
넉 사		바/곳 소		편안할 안		달 월	
일 사		사라질 소		사랑 애		있을 유	
모일 사		빠를 속		들 야		말미암을 유	

기름 유		싸움 전		창 창		여름 하	
기를 육		번개 전		내 천		배울 학	
은 은		온전할 전		일천 천		나라/한국 한	
소리 음		앞 전		하늘 천		한나라 한	
마실 음		바를 정		푸를 청		합할 합	
고을 읍		뜰 정		맑을 청		바다 해	
뜻 의		정할 정		몸 체		다행 행	
의원 의		차례 제		풀 초		다닐 행	
옷 의		제목 제		마디 촌		향할 향	
두 이		아우 제		마을 촌		나타날 현	
사람 인		할아비/조상 조		가을 추		모양 형	
한 일		아침 조		봄 춘		형/맏 형	
날 일		겨레 족		날 출		이름 호	
들 입		발 족		친할 친		화목할 화	
스스로 자		왼쪽 좌		일곱 칠		그림 화/그을 획	
아들 자		주인 주		클 태		불 화	
글자 자		머무를 주		흙 토		말할 화	
놈 자		부을 주		통할 통		꽃 화	
어제 작		낮 주		특별할 특		살 활	
지을 작		가운데 중		여덟 팔		누를 황	
글 장		무거울 중		편할 편/똥오줌 변		모일 회	
긴/어른 장		종이 지		평평할 평		효도 효	
마당/곳 장		땅 지		겉 표		뒤 후	
재주 재		곧을 직		바람 풍		가르칠 훈	
있을 재		모을 집		아래 하		쉴 휴	

5급 한자 총정리

5급 漢字 500자 쓰기 (신출 한자 200자)

더할 가		볼 관		도울 도		법 법	
옳을 가		넓을 광		홀로 독		변할 변	
값 가		다리 교		떨어질 락(낙)		병사 병	
고칠 개		갖출 구		밝을 랑(낭)		복 복	
손 객		구원할 구		찰 랭(냉)		받들 봉	
갈 거		예 구		어질 량(양)		견줄 비	
들 거		판 국		헤아릴 량(양)		쓸 비	
물건 건		귀할 귀		나그네 려(여)		코 비	
세울 건		법 규		지날 력(역)		얼음 빙	
굳셀 건		줄 급		익힐 련(연)		선비 사	
격식 격		몸 기		하여금 령(영)		섬길 사	
볼 견/뵈올 현		재주 기		거느릴 령(영)		사기 사	
결단할 결		물끓는김 기		일할 로(노)		조사할 사	
맺을 결		터 기		헤아릴 료(요)		생각 사	
별 경		기약할 기		흐를 류(유)		베낄 사	
공경 경		길할 길		무리 류(유)		낳을 산	
가벼울 경		생각 념(염)		뭍 륙(육)		서로 상	
다툴 경		능할 능		말 마		장사 상	
굳을 고		둥글 단		끝 말		상줄 상	
생각할 고		단 단		망할 망		차례 서	
고할 고		말씀 담		바랄 망		신선 선	
굽을 곡		마땅 당		살 매		배 선	
공부할/과정 과		큰 덕		팔 매		착할 선	
지날 과		이를 도		없을 무		가릴 선	
관계할 관		섬 도		곱 배		고울 선	

말씀 설		빛날 요		법 전		가장 최	
성품 성		목욕할 욕		펼 전		빌 축	
씻을 세		소 우		전할 전		채울 충	
해 세		벗 우		끊을 절/온통 체		이를 치	
묶을 속		비 우		마디 절		법칙 칙/곧 즉	
머리 수		구름 운		가게 점		다를 타	
잘 숙/별자리 수		수컷 웅		머무를 정		칠 타	
순할 순		으뜸 원		뜻 정		높을 탁	
보일 시		집 원		고를 조		숯 탄	
알 식/기록할 지		언덕 원		잡을 조		집 택(댁)	
신하 신		원할 원		마칠 졸		널 판	
열매 실		자리 위		마칠 종		패할 패	
아이 아		클 위		씨 종		물건 품	
악할 악/미워할 오		써 이		허물 죄		반드시 필	
책상 안		귀 이		고을 주		붓 필	
맺을 약		인할 인		주일 주		물 하	
기를 양		맡길 임		그칠 지		찰 한	
고기/물고기 어		재목 재		알 지		해할 해	
고기잡을 어		재물 재		바탕 질		허락할 허	
억 억		두 재		붙을 착		호수 호	
더울 열		재앙 재		참여할 참/석 삼		될 화	
잎 엽		다툴 쟁		부를 창		근심 환	
집 옥		쌓을 저		꾸짖을 책		본받을 효	
완전할 완		붉을 적		쇠 철		흥할 흥	
요긴할 요		과녁 적		처음 초		검을 흑	

5급 한자 총정리

한자어 약자 쓰기

획수가 많은 한자를 간단히 줄여서 쓴 글자를 약자(略字)라고 합니다.
5급 시험부터 출제되니 이미 배운 한자 중에서 약자를 익혀 둡시다.

정자	훈음	약자	정자	훈음	약자	정자	훈음	약자
價	값 가	価	樂	즐길 락/풍류 악	楽	災	재앙 재	災
擧	들 거	挙	來	올 래(내)	来	爭	다툴 쟁	争
輕	가벼울 경	軽	禮	예도 례(예)	礼	傳	전할 전	伝
觀	볼 관	观	勞	일할 로(노)	労	戰	싸움 전	战
關	관계할 관	関	萬	일만 만	万	定	정할 정	㝎
廣	넓을 광	広	賣	팔 매	売	卒	마칠 졸	卆
區	구분할 구	区	無	없을 무	无	晝	낮 주	昼
舊	예 구	旧	發	필/쏠 발	発	質	바탕 질	貭
國	나라 국	国	變	변할 변	変	參	참여할 참/석 삼	参
氣	기운 기	気	寫	베낄 사	写	鐵	쇠 철	鉄
團	둥글 단	団	世	인간/세상 세	卋	體	몸 체	体
當	마땅 당	当	數	셀 수	数	學	배울 학	学
對	대할 대	対	實	열매 실	実	號	이름 호	号
圖	그림 도	図	兒	아이 아	児	畫	그림 화/그을 획	画
獨	홀로 독	独	惡	악할 악/미워할 오	悪	會	모일 회	会
讀	읽을 독	読	藥	약 약	薬			
同	한가지 동	仝	醫	의원 의	医			

빈 칸에 약자를 쓰세요.

정자	훈음	약자	정자	훈음	약자	정자	훈음	약자
價	값 가		樂	즐길 락/풍류 악		災	재앙 재	
擧	들 거		來	올 래(내)		爭	다툴 쟁	
輕	가벼울 경		禮	예도 례(예)		傳	전할 전	
觀	볼 관		勞	일할 로(노)		戰	싸움 전	
關	관계할 관		萬	일만 만		定	정할 정	
廣	넓을 광		賣	팔 매		卒	마칠 졸	
區	구분할 구		無	없을 무		晝	낮 주	
舊	예 구		發	필/쏠 발		質	바탕 질	
國	나라 국		變	변할 변		參	참여할 참/석 삼	
氣	기운 기		寫	베낄 사		鐵	쇠 철	
團	둥글 단		世	인간/세상 세		體	몸 체	
當	마땅 당		數	셀 수		學	배울 학	
對	대할 대		實	열매 실		號	이름 호	
圖	그림 도		兒	아이 아		畵	그림 화/그을 획	
獨	홀로 독		惡	악할 악/미워할 오		會	모일 회	
讀	읽을 독		藥	약 약				
同	한가지 동		醫	의원 의				

반의어(反義語) · 상대어(相對語)

江山	강 강 / 메 산	강과 산.	始終	비로소 시 / 마칠 종	처음과 끝.
強弱	강할 강 / 약할 약	강함과 약함.	新舊	새 신 / 예 구	새 것과 헌 것.
去來	갈 거 / 올 래(내)	서로 주고 받음.	心身	마음 심 / 몸 신	마음과 몸.
輕重	가벼울 경 / 무거울 중	가벼움과 무거움.	溫冷	따뜻할 온 / 찰 랭(냉)	따뜻함과 참.
古今	예 고 / 이제 금	옛적과 지금.	遠近	멀 원 / 가까울 근	멀고 가까움.
苦樂	쓸 고 / 즐길 락	괴로움과 즐거움.	有無	있을 유 / 없을 무	있음과 없음.
教學	가르칠 교 / 배울 학	가르침과 배움.	陸海	뭍 륙(육) / 바다 해	육지와 바다.
男女	사내 남 / 계집 녀(여)	남자와 여자.	利害	이로울 리(이) / 해할 해	이익과 손해.
南北	남녘 남 / 북녘 북	남쪽과 북쪽.	因果	인할 인 / 실과 과	원인과 결과.
內外	안 내 / 바깥 외	안과 바깥.	日月	날 일 / 달 월	해와 달.
老少	늙을 로(노) / 젊을 소	늙은이와 젊은이.	自他	스스로 자 / 다를 타	자기와 남.
多少	많을 다 / 적을 소	많음과 적음.	昨今	어제 작 / 이제 금	어제와 오늘.
大小	큰 대 / 작을 소	큰 것과 작은 것.	長短	긴 장 / 짧을 단	긴 것과 짧은 것.
東西	동녘 동 / 서녘 서	동쪽과 서쪽.	前後	앞 전 / 뒤 후	앞과 뒤.
登下	오를 등 / 아래 하	오름과 내림.	朝夕	아침 조 / 저녁 석	아침과 저녁.
賣買	팔 매 / 살 매	팔고 삼.	祖孫	할아비 조 / 손자 손	할아버지와 손자.
問答	물을 문 / 대답할 답	묻고 대답함.	左右	왼쪽 좌 / 오른쪽 우	왼쪽과 오른쪽.
發着	필 발 / 붙을 착	출발과 도착.	主客	주인 주 / 손 객	주인과 손님.
父母	아비 부 / 어미 모	아버지와 어머니.	晝夜	낮 주 / 밤 야	낮과 밤.
死活	죽을 사 / 살 활	죽음과 삶.	天地	하늘 천 / 땅 지	하늘과 땅.
山川	메 산 / 내 천	산과 내.	初終	처음 초 / 마칠 종	처음과 마지막.
上下	위 상 / 아래 하	위와 아래.	春秋	봄 춘 / 가을 추	봄과 가을.
善惡	착할 선 / 악할 악	착함과 악함.	出入	날 출 / 들 입	나감과 들어옴.
成敗	이룰 성 / 패할 패	성공과 실패.	夏冬	여름 하 / 겨울 동	여름과 겨울.
生死	날 생 / 죽을 사	삶과 죽음.	兄弟	형 형 / 아우 제	형과 아우.
手足	손 수 / 발 족	손과 발.	火水	불 화 / 물 수	불과 물.
勝敗	이길 승 / 패할 패	이김과 짐.	和戰	화목할 화 / 싸움 전	화합과 전쟁.

빈 칸에 반의어 또는 상대어를 쓰세요.

강과 산.		처음과 끝.	
강함과 약함.		새 것과 헌 것.	
서로 주고 받음.		마음과 몸.	
가벼움과 무거움.		따뜻함과 참.	
옛적과 지금.		멀고 가까움.	
괴로움과 즐거움.		있음과 없음.	
가르침과 배움.		육지와 바다.	
남자와 여자.		이익과 손해.	
남쪽과 북쪽.		원인과 결과.	
안과 바깥.		해와 달.	
늙은이와 젊은이.		자기와 남.	
많음과 적음.		어제와 오늘.	
큰 것과 작은 것.		긴 것과 짧은 것.	
동쪽과 서쪽.		앞과 뒤.	
오름과 내림.		아침과 저녁.	
팔고 삼.		할아버지와 손자.	
묻고 대답함.		왼쪽과 오른쪽.	
출발과 도착.		주인과 손님.	
아버지와 어머니.		낮과 밤.	
죽음과 삶.		하늘과 땅.	
산과 내.		처음과 마지막.	
위와 아래.		봄과 가을.	
착함과 악함.		나감과 들어옴.	
성공과 실패.		여름과 겨울.	
삶과 죽음.		형과 아우.	
손과 발.		불과 물.	
이김과 짐.		화합과 전쟁.	

동음 이의어(同音異義語)

읽는 소리는 같으나 뜻이 다른 말을 동음 이의어라고 합니다.

가	可	옳을 가
	加	더할 가
	家	집 가
	歌	노래 가
	價	값 가
각	各	각각 각
	角	뿔 각
강	江	물 강
	強	강할 강
개	開	열 개
	改	고칠 개
거	去	갈 거
	車	수레 거(차)
	擧	들 거
건	建	세울 건
	健	굳셀 건
	件	물건 건
결	結	맺을 결
	決	결단할 결
경	競	다툴 경
	景	볕 경
	敬	공경 경
	京	서울 경
	輕	가벼울 경
계	界	지경 계

계	計	셀/꾀할 계
고	古	예 고
	高	높을 고
	苦	쓸 고
	告	고할 고
	固	굳을 고
	考	생각할 고
공	公	공평할 공
	共	함께 공
	空	빌 공
	工	장인 공
	功	공 공
과	果	실과 과
	科	과목 과
	課	공부할/과정 과
	過	지날 과
관	觀	볼 관
	關	관계할 관
광	光	빛 광
	廣	넓을 광
교	敎	가르칠 교
	交	사귈 교
	校	학교 교
	橋	다리 교
구	九	아홉 구

구	口	입 구
	球	공 구
	區	구분할 구
	救	구원할 구
	具	갖출 구
	舊	예 구
국	國	나라 국
	局	판 국
군	郡	고을 군
	軍	군사 군
근	近	가까울 근
	根	뿌리 근
금	今	이제 금
	金	쇠 금
급	急	급할 급
	級	등급 급
	給	줄 급
기	記	기록할 기
	氣	기운 기
	旗	기 기
	己	몸 기
	技	재주 기
	汽	물끓는김 기
	基	터 기
	期	기약할 기

남	南	남녘 남
	男	사내 남
단	短	짧을 단
	團	둥글 단
	壇	단 단
당	堂	집 당
	當	마땅 당
대	大	큰 대
	代	대신할 대
	對	대할 대
	待	기다릴 대
도	道	길 도
	度	법도 도
	都	도읍 도
	島	섬 도
	圖	그림 도
	到	이를 도
독	讀	읽을 독
	獨	홀로 독
동	東	동녘 동
	洞	고을 동
	動	움직일 동
	同	한가지 동
	冬	겨울 동
	童	아이 동

184

등	登	오를	등	매	每	매양	매	부	父	아비	부	서	序	차례	서
	等	무리	등		賣	팔	매		夫	지아비	부		書	글	서
락	樂	즐길	락		買	살	매		部	거느릴	부	선	善	착할	선
	落	떨어질	락	명	明	밝을	명	비	比	견줄	비		線	줄	선
량	良	어질	량		命	목숨	명		費	쓸	비		先	먼저	선
	量	헤아릴	량		名	이름	명		鼻	코	비		選	가릴	선
력	力	힘	력	목	木	나무	목	사	社	모일	사		船	배	선
	歷	지날	력		目	눈	목		事	일	사		仙	신선	선
령	令	하여금	령	문	文	글월	문		思	생각	사		鮮	고울	선
	領	거느릴	령		問	물을	문		史	사기	사	설	雪	눈	설
례	例	법식	례		門	문	문		使	부릴	사		說	말씀	설
	禮	예도	례		聞	들을	문		四	넉	사	성	成	이룰	성
로	老	늙을	로	미	米	쌀	미		士	선비	사		性	성품	성
	路	길	로		美	아름다울	미		死	죽을	사		省	살필	성
	勞	일할	로	반	反	돌이킬	반		寫	베낄	사		姓	성씨	성
류	流	흐를	류		半	반	반		仕	섬길	사	세	世	인간	세
	類	무리	류		班	나눌	반		査	조사할	사		洗	씻을	세
륙	六	여섯	륙	방	方	모	방	산	山	메	산		歲	해	세
	陸	뭍	륙		放	놓을	방		算	셈할	산	소	小	작을	소
리	里	마을	리	백	白	흰	백		産	낳을	산		少	적을/젊을	소
	理	다스릴	리		百	일백	백	상	上	윗	상		消	사라질	소
	利	이로울	리	병	兵	병사	병		相	서로	상		所	바/곳	소
	李	오얏	리		病	병	병		商	장사	상	속	速	빠를	속
망	亡	망할	망	복	服	옷	복		賞	상줄	상		束	묶을	속
	望	바랄	망		福	복	복	서	西	서녘	서	수	手	손	수

동음이의어(同音異義語)

음	한자	뜻	음
수	水	물	수
	首	머리	수
	數	셀	수
	樹	나무	수
시	市	저자	시
	示	보일	시
	時	때	시
	始	비로소	시
식	式	법	식
	食	밥/먹을	식
	植	심을	식
	識	알	식
신	身	몸	신
	信	믿을	신
	新	새	신
	神	귀신	신
	臣	신하	신
실	失	잃을	실
	室	집/실내	실
	實	열매	실
안	安	편안할	안
	案	책상	안
야	夜	밤	야
	野	들	야
약	弱	약할	약
	約	맺을	약
	藥	약	약
양	洋	큰바다	양
	養	기를	양
	陽	볕	양
어	魚	고기/물고기	어
	漁	고기잡을	어
	語	말씀	어
영	永	길	영
	英	꽃부리	영
오	午	낮	오
	五	다섯	오
요	要	요긴할	요
	曜	빛날	요
용	用	쓸	용
	勇	날랠	용
우	牛	소	우
	右	오른	우
	友	벗	우
	雨	비	우
운	運	옮길	운
	雲	구름	운
원	元	으뜸	원
	原	언덕	원
	園	동산	원
	院	집	원
	遠	멀	원
	願	원할	원
위	位	자리	위
	偉	클	위
유	有	있을	유
	油	기름	유
	由	말미암을	유
음	音	소리	음
	飮	마실	음
의	衣	옷	의
	意	뜻	의
	醫	의원	의
이	二	두	이
	耳	귀	이
	以	써	이
인	人	사람	인
	因	인할	인
일	一	한	일
	日	날	일
자	子	아들	자
	自	스스로	자
	字	글자	자
	者	놈	자
작	作	지을	작
	昨	어제	작
장	長	긴/어른	장
	場	마당/곳	장
	章	글	장
재	在	있을	재
	材	재목	재
	再	두	재
	財	재물	재
	災	재앙	재
	才	재주	재
적	的	과녁	적
	赤	붉을	적
전	全	온전할	전
	前	앞	전
	典	법	전
	展	펼	전
	電	번개	전
	戰	싸움	전
	傳	전할	전
절	切	끊을	절
	節	마디	절
정	正	바를	정
	定	정할	정
	庭	뜰	정
	停	머무를	정

정	情	뜻	정
제	弟	아우	제
	第	차례	제
	題	제목	제
조	祖	할아비/조상	조
	朝	아침	조
	操	잡을	조
	調	고를	조
족	足	발	족
	族	겨레	족
종	種	씨	종
	終	마칠	종
주	主	주인	주
	州	고을	주
	住	머무를	주
	注	부을	주
	週	주일	주
	晝	낮	주
중	中	가운데	중
	重	무거울	중
지	地	땅	지
	止	그칠	지
	知	알	지
	紙	종이	지
창	窓	창	창

창	唱	부를	창
천	天	하늘	천
	川	내	천
	千	일천	천
청	靑	푸를	청
	淸	맑을	청
초	初	처음	초
	草	풀	초
촌	寸	마디	촌
	村	마을	촌
타	他	다를	타
	打	칠	타
필	必	반드시	필
	筆	붓	필
하	下	아래	하
	夏	여름	하
	河	물	하
한	韓	나라/한국	한
	漢	한나라	한
	寒	찰	한
해	海	바다	해
	害	해할	해
행	幸	다행	행
	行	다닐	행
형	兄	형	형

형	形	모양	형
호	號	이름	호
	湖	호수	호
화	化	될	화
	和	화목할	화
	話	말할	화
	花	꽃	화
	畫	그림	화
	火	불	화
효	孝	효도	효
	效	본받을	효

5급 한자 총정리

한자 성어(漢字成語)

家庭教育	가정 교육	집안 어른에게 받는 가르침.
各人各色	각인 각색	사람마다 특색이 모두 다름.
犬馬之勞	견마지로	나라와 임금님에 대한 충성심을 겸손하게 일컫는 말.
見物生心	견물생심	물건을 보면 가지고 싶은 욕심이 생김.
古今同然	고금 동연	사물이 변하지 아니하며 예나 지금이나 같음.
高速道路	고속 도로	자동차가 고속으로 달릴 수 있게 만든 도로.
公共場所	공공 장소	여러 사람이 함께 사용하는 곳.
公立學校	공립 학교	국가나 자치 단체가 설립하여 운영하는 학교.
公明正大	공명정대	사사로움이 없이 공정하고 떳떳함.
共同生活	공동 생활	여러 사람이 모여 협력하여 사는 생활.
空山明月	공산명월	사람이 없는 적적한 산에 비치는 외로이 밝은 달.
交通道德	교통 도덕	교통상 마땅히 지켜야 할 공중 도덕.
口傳文學	구전 문학	예부터 입에서 입으로 전해 온 문학.
交通信號	교통 신호	도로에서 차나 사람이 지켜야 할 약속 신호.
交通安全	교통 안전	교통 법규를 잘 지켜 사고를 미연에 방지하는 일.
九死一生	구사 일생	여러 번 죽을 고비를 넘기고 살아남.
落花流水	낙화 유수	떨어지는 꽃과 흐르는 물같이 세월이 무상함.
南男北女	남남북녀	남쪽은 남자가, 북쪽은 여자가 잘생겼다는 말.
男女共學	남녀 공학	남자와 여자가 같이 배움.
男女老少	남녀 노소	남자, 여자, 늙은이, 젊은이. 모든 사람.
男女有別	남녀 유별	남자와 여자는 예절로 구별해야 함.
農業用水	농업 용수	농사를 짓는 데 쓰는 물.
東問西答	동문서답	묻는 말에 엉뚱하게 대답함.
東西古今	동서 고금	동양과 서양, 옛날과 지금. 어디서나, 언제나.
東西南北	동서남북	동쪽, 서쪽, 남쪽, 북쪽. 사방.
同苦同樂	동고 동락	괴로움과 즐거움을 함께 함.
登場人物	등장 인물	소설, 연극 등에 나오는 사람.
馬耳東風	마이동풍	남의 말을 귀담아 듣지 않고 흘려 버림.

萬古江山	만고 강산	오랜 세월 동안 변함 없는 산천(자연).
聞一知十	문일지십	한 가지를 들으면 열을 미루어 앎.
門前成市	문전 성시	부자나 권세가의 집엔 찾아오는 손님이 많음.
百年大計	백년 대계	먼 장래까지 내다보고 세우는 큰 계획.
百年河淸	백년 하청	아무리 기다려도 어떤 일이 이루어지기 어려움.
百萬長者	백만 장자	재산이 아주 많은 사람. 큰 부자.
白面書生	백면 서생	글만 읽고 세상 일에 경험이 없는 사람.
百發百中	백발 백중	총이나 활을 쏘는 대로 꼭꼭 맞음.
白衣民族	백의 민족	예로부터 흰 옷을 주로 입은 한국 민족을 말함.
百戰百勝	백전백승	싸우는 족족 모조리 이김.
富貴在天	부귀 재천	부귀는 하늘에 매여 있어 사람의 힘으로 어찌할 수 없음.
父母兄弟	부모 형제	부모와 형과 아우.
父傳子傳	부전 자전	대대로 아버지가 아들에게 전함.
不問可知	불문가지	묻지 않아도 알 수 있음.
不遠千里	불원 천리	먼길도 마다하지 않고 찾아옴.
四海兄弟	사해 형제	온 천하의 사람들이 형제와 같음.
山川草木	산천초목	산과 내와 풀과 나무. 자연.
生年月日	생년월일	태어난 해와 달과 날.
生老病死	생로병사	태어나고 늙고 병들고 죽음. 인생의 고통.
生死苦樂	생사 고락	삶과 죽음, 괴로움과 즐거움.
生活手記	생활 수기	생활에서 겪은 일을 적은 글.
生活下水	생활 하수	일상 생활에 쓰이고 난 뒤 하천으로 내려오는 물.
先見之明	선견지명	일을 미리 짐작하는 밝은 지혜.
世界大戰	세계 대전	세계 여러 나라가 싸우는 큰 전쟁.
世界平和	세계 평화	온 세상이 전쟁 없이 화목하게 지내는 일.
世上萬事	세상 만사	세상에서 일어나는 모든 일.
少年少女	소년 소녀	남자 아이와 여자 아이.
消費節約	소비 절약	쓰는 것을 아낌.

5급 한자 총정리

한자 성어 (漢字成語)

水魚之交	수어지교	물과 물고기처럼 친밀하여 떨어질 수 없는 사이.
身土不二	신토불이	우리 몸은 우리가 자란 땅과 떼놓을 수 없음.
愛國愛族	애국 애족	나라를 사랑하고 겨레를 사랑함.
漁父之利	어부지리	둘이 다투는 동안 제삼자가 애쓰지 않고 가로챈 이득.
樂山樂水	요산 요수	산과 물을 좋아함. 자연을 즐김.
有口無言	유구무언	입은 있으나 할 말이 없음.
耳目口鼻	이목구비	귀, 눈, 입, 코. 얼굴의 생김새.
以心傳心	이심전심	마음에서 마음으로 전달됨.
理由不明	이유 불명	까닭을 알 수 없음.
人命在天	인명 재천	사람의 목숨은 하늘이 정함.
人事不省	인사불성	정신을 잃어 의식이 없음.
人山人海	인산 인해	사람이 헤아리기 어려울 만큼 많이 모인 모양.
一口二言	일구 이언	한 입으로 두 말을 함. 말을 이랬다 저랬다 함.
一方通行	일방 통행	한쪽 방향으로 다님.
一長一短	일장일단	장점도 있고 단점도 있음.
立身出世	입신 출세	세상에 나아가 자신의 이름을 드날림.
自給自足	자급 자족	자기가 필요한 것을 자기가 생산하여 충당함.
自問自答	자문 자답	스스로 묻고 스스로 대답함.
子孫萬代	자손 만대	자식과 손자로 이어지는 많은 세대.
自手成家	자수 성가	물려받은 재산 없이 혼자 힘으로 성공함.
自習問題	자습 문제	스스로 익히는 문제.
自由世界	자유 세계	자유로운 사회. 자유로운 세계.
自由自在	자유 자재	구속 없이 자기 마음대로 할 수 있음.
作心三日	작심 삼일	결심한 일이 사흘을 가지 못함. 결심이 약함.
電話番號	전화 번호	각 전화기마다 매겨 있는 번호.
前後左右	전후 좌우	앞과 뒤, 왼쪽과 오른쪽. 사방.
住所姓名	주소 성명	사는 곳과 성과 이름.
注意集中	주의 집중	마음을 한 곳에 모음.

集會場所	집회 장소	모임을 하는 곳.
千萬多幸	천만 다행	매우 다행스러움.
天下第一	천하 제일	세상에서 첫째임. 으뜸.
靑天白日	청천 백일	맑게 갠 대낮.
靑春男女	청춘 남녀	젊은 남자와 여자들.
淸風明月	청풍 명월	맑은 바람과 밝은 달.
體育大會	체육 대회	여러 사람이 모여 운동 경기를 함.
草綠同色	초록 동색	서로 같은 처지의 사람들이 함께 함.
初等學校	초등 학교	최초로 다니는 학교.
通行不便	통행 불편	다니는 데 편하지 않음.
特別活動	특별 활동	교과 학습 이외의 활동으로 교육 과정의 하나.
八道江山	팔도 강산	우리 나라 전국의 강산(옛날에는 8도였음).
漢藥服用	한약 복용	한약을 먹음.
行方不明	행방 불명	간 곳을 알 수 없음.
幸運流水	행운 유수	일이 막힘이 없거나 시원시원한 성격.
火力發電	화력 발전	불의 힘으로 전기를 일으킴.
訓民正音	훈민 정음	세종 때 만든 우리 나라 글자.
形勝之地	형승지지	지세나 경치가 매우 뛰어난 땅.
遠洋漁業	원양 어업	먼 바다에 나가 고기를 잡는 일.
英才敎育	영재 교육	뛰어난 인재를 특별히 가르치는 일.
億萬長者	억만 장자	헤아리기 어려울 만큼 많은 재산을 가진 사람.
入學願書	입학 원서	입학을 원해서 내는 문서.
偉人傳記	위인 전기	뛰어난 인물의 업적과 생애를 적어 놓은 글이나 책.
天災地變	천재 지변	지진, 홍수, 태풍 따위의 자연의 재앙.
電光石火	전광 석화	매우 짧은 시간.
正正堂堂	정정당당	태도나 수단이 공정하고 떳떳함.
國漢文體	국한문체	한글과 한자를 섞어 씀.
大韓民國	대한 민국	우리 나라의 이름. 한국의 이름.

5급 한자 총정리

다음 뜻을 가진 한자 성어를 쓰세요.

집안 어른에게 받는 가르침.	
사람마다 특색이 모두 다름.	
나라와 임금님에 대한 충성심을 겸손하게 일컫는 말.	
물건을 보면 가지고 싶은 욕심이 생김.	
사물이 변하지 아니하며 예나 지금이나 같음.	
자동차가 고속으로 달릴 수 있게 만든 도로.	
여러 사람이 함께 사용하는 곳.	
국가나 자치 단체가 설립하여 운영하는 학교.	
사사로움이 없이 공정하고 떳떳함.	
여러 사람이 모여 협력하여 사는 생활.	
사람이 없는 적적한 산에 비치는 외로이 밝은 달.	
교통상 마땅히 지켜야 할 공중 도덕.	
예부터 입에서 입으로 전해 온 문학.	
도로에서 차나 사람이 지켜야 할 약속 신호.	
교통 법규를 잘 지켜 사고를 미연에 방지하는 일.	
여러 번 죽을 고비를 넘기고 살아남.	
떨어지는 꽃과 흐르는 물같이 세월이 무상함.	
남쪽은 남자가, 북쪽은 여자가 잘생겼다는 말.	
남자와 여자가 같이 배움.	
남자, 여자, 늙은이, 젊은이. 모든 사람.	
남자와 여자는 예절로 구별해야 함.	
농사를 짓는 데 쓰는 물.	
묻는 말에 엉뚱하게 대답함.	
동양과 서양, 옛날과 지금. 어디서나, 언제나.	
동쪽, 서쪽, 남쪽, 북쪽. 사방.	
괴로움과 즐거움을 함께 함.	
소설, 연극 등에 나오는 사람.	
남의 말을 귀담아 듣지 않고 흘려 버림.	

오랜 세월 동안 변함 없는 산천(자연).	
한 가지를 들으면 열을 미루어 앎.	
부자나 권세가의 집엔 찾아오는 손님이 많음.	
먼 장래까지 내다보고 세우는 큰 계획.	
아무리 기다려도 어떤 일이 이루어지기 어려움.	
재산이 아주 많은 사람. 큰 부자.	
글만 읽고 세상 일에 경험이 없는 사람.	
총이나 활을 쏘는 대로 꼭꼭 맞음.	
예로부터 흰 옷을 주로 입은 한국 민족을 말함.	
싸우는 족족 모조리 이김.	
부귀는 하늘에 매여 있어 사람의 힘으로 어찌할 수 없음.	
부모와 형과 아우.	
대대로 아버지가 아들에게 전함.	
묻지 않아도 알 수 있음.	
먼길도 마다하지 않고 찾아옴.	
온 천하의 사람들이 형제와 같음.	
산과 내와 풀과 나무. 자연.	
태어난 해와 달과 날.	
태어나고 늙고 병들고 죽음. 인생의 고통.	
삶과 죽음, 괴로움과 즐거움.	
생활에서 겪은 일을 적은 글.	
일상 생활에 쓰이고 난 뒤 하천으로 내려오는 물.	
일을 미리 짐작하는 밝은 지혜.	
세계 여러 나라가 싸우는 큰 전쟁.	
온 세상이 전쟁 없이 화목하게 지내는 일.	
세상에서 일어나는 모든 일.	
남자 아이와 여자 아이.	
쓰는 것을 아낌.	

5급 한자 총정리

다음 뜻을 가진 한자 성어를 쓰세요.

물과 물고기처럼 친밀하여 떨어질 수 없는 사이.	
우리 몸은 우리가 자란 땅과 떼놓을 수 없음.	
나라를 사랑하고 겨레를 사랑함.	
둘이 다투는 동안 제삼자가 애쓰지 않고 가로챈 이득.	
산과 물을 좋아함. 자연을 즐김.	
입은 있으나 할 말이 없음.	
귀, 눈, 입, 코. 얼굴의 생김새.	
마음에서 마음으로 전달됨.	
까닭을 알 수 없음.	
사람의 목숨은 하늘이 정함.	
정신을 잃어 의식이 없음.	
사람이 헤아리기 어려울 만큼 많이 모인 모양.	
한 입으로 두 말을 함. 말을 이랬다 저랬다 함.	
한쪽 방향으로 다님.	
장점도 있고 단점도 있음.	
세상에 나아가 자신의 이름을 드날림.	
자기가 필요한 것을 자기가 생산하여 충당함.	
스스로 묻고 스스로 대답함.	
자식과 손자로 이어지는 많은 세대.	
물려받은 재산 없이 혼자 힘으로 성공함.	
스스로 익히는 문제.	
자유로운 사회. 자유로운 세계.	
구속 없이 자기 마음대로 할 수 있음.	
결심한 일이 사흘을 가지 못함. 결심이 약함.	
각 전화기마다 매겨 있는 번호.	
앞과 뒤, 왼쪽과 오른쪽. 사방.	
사는 곳과 성과 이름.	
마음을 한 곳에 모음.	

모임을 하는 곳.	
매우 다행스러움.	
세상에서 첫째임. 으뜸.	
맑게 갠 대낮.	
젊은 남자와 여자들.	
맑은 바람과 밝은 달.	
여러 사람이 모여 운동 경기를 함.	
서로 같은 처지의 사람들이 함께 함.	
최초로 다니는 학교.	
다니는 데 편하지 않음.	
교과 학습 이외의 활동으로 교육 과정의 하나.	
우리 나라 전국의 강산(옛날에는 8도였음).	
한약을 먹음.	
간 곳을 알 수 없음.	
일이 막힘이 없거나 시원시원한 성격.	
불의 힘으로 전기를 일으킴.	
세종 때 만든 우리 나라 글자.	
지세나 경치가 매우 뛰어난 땅.	
먼 바다에 나가 고기를 잡는 일.	
뛰어난 인재를 특별히 가르치는 일.	
헤아리기 어려울 만큼 많은 재산을 가진 사람.	
입학을 원해서 내는 문서.	
뛰어난 인물의 업적과 생애를 적어 놓은 글이나 책.	
지진, 홍수, 태풍 따위의 자연의 재앙.	
매우 짧은 시간.	
태도나 수단이 공정하고 떳떳함.	
한글과 한자를 섞어 씀.	
우리 나라의 이름. 한국의 이름.	

5급 한자 총정리

유의어 (類義語)

읽는 소리는 서로 다르나 뜻(訓)이 비슷한 말을 유의어라고 합니다.

家	집	가
院	집	원
堂	집	당
屋	집	옥
宅	집	택(댁)

言	말씀	언
語	말씀	어
談	말씀	담
說	말씀	설

邑	고을	읍
洞	고을	동
郡	고을	군
州	고을	주

法	법	법
規	법	규
典	법	전
式	법	식

身	몸	신
體	몸	체
己	몸	기

社	모일	사
會	모일	회
集	모을	집

才	재주	재
技	재주	기
術	재주	술

思	생각	사
念	생각	념(염)
考	생각할	고

戰	싸움	전
爭	다툴	쟁
競	다툴	경

道	길	도
路	길	로(노)

樹	나무	수
木	나무	목

大	큰	대
德	큰	덕
偉	클	위
太	클	태

學	배울	학
習	익힐	습
練	익힐	련(연)

根	뿌리	근
本	근본	본

養	기를	양
育	기를	육

名	이름	명
號	이름	호

教	가르칠	교
訓	가르칠	훈

兒	아이	아
童	아이	동

土	흙	토
地	땅	지

文	글월	문
章	글	장

明	밝을	명
朗	밝을	랑(낭)

知	알 지		水	물 수		過	지날 과
識	알 식/기록할 지		河	물 하		去	갈 거
陽	볕 양		高	높을 고		歷	지날 력
景	볕 경		卓	높을 탁		海	바다 해
見	볼 견/뵈올 현		永	길 영		洋	큰바다 양
觀	볼 관		遠	멀 원		寒	찰 한
席	자리 석		終	마칠 종		冷	찰 랭(냉)
位	자리 위		卒	마칠 졸		物	물건 물
第	차례 제		末	끝 말		件	물건 건
序	차례 서		結	맺을 결		品	물건 품
完	완전할 완		約	맺을 약		料	헤아릴 료(요)
全	온전할 전		到	이를 도		量	헤아릴 량(양)
計	셀/꾀할 계		致	이를 치		年	해 년(연)
算	셈할 산		衣	옷 의		歲	해 세
古	예 고		服	옷 복		情	뜻 정
舊	예 구		生	날 생		意	뜻 의
圖	그림 도		産	낳을 산		果	실과 과
畵	그림 화/그을 획					實	열매 실

5급 한자 총정리

뜻이 비슷한 유의어(類義語)를 쓰세요.

집 가		모일 사		배울 학	
집 원		모일 회		익힐 습	
집 당		모을 집		익힐 련(연)	
집 옥		재주 재		뿌리 근	
집 택(댁)		재주 기		근본 본	
말씀 언		재주 술		기를 양	
말씀 어		생각 사		기를 육	
말씀 담		생각 념(염)		이름 명	
말씀 설		생각할 고		이름 호	
고을 읍		싸움 전		가르칠 교	
고을 동		다툴 쟁		가르칠 훈	
고을 군		다툴 경		아이 아	
고을 주		길 도		아이 동	
법 법		길 로(노)		흙 토	
법 규		나무 수		땅 지	
법 전		나무 목		글월 문	
법 식		큰 대		글 장	
몸 신		큰 덕		밝을 명	
몸 체		클 위		밝을 랑(낭)	
몸 기		클 태			

알 지	물 수	지날 과
알 식/기록할 지	물 하	갈 거
볕 양	높을 고	지날 력
볕 경	높을 탁	바다 해
볼 견/뵈올 현	길 영	큰바다 양
볼 관	멀 원	찰 한
자리 석	마칠 종	찰 랭(냉)
자리 위	마칠 졸	물건 물
차례 제	끝 말	물건 건
차례 서	맺을 결	물건 품
완전할 완	맺을 약	헤아릴 료(요)
온전할 전	이를 도	헤아릴 량(양)
셀/꾀할 계	이를 치	해 년(연)
셈할 산	옷 의	해 세
예 고	옷 복	뜻 정
예 구	날 생	뜻 의
그림 도	낳을 산	실과 과
그림 화/그을 획		열매 실

5급 한자 총정리

두음 법칙(頭音法則)

같은 글자라도 낱말의 첫머리에 올 때와 뒤에 올 때 소리가 다른 경우가 있습니다. 이처럼 낱말의 첫머리에서 다른 음으로 발음되는 것을 '두음 법칙'이라고 합니다.

변화	한자	훈 음	낱말의 뒤에 올 때	낱말의 앞에 올 때
ㄹ → ㅇ	良	어질 량	善良(선량) 不良(불량)	良心(양심) 良品(양품)
	量	헤아릴 량	小量(소량) 輕量(경량)	量産(양산) 量感(양감)
	旅	나그네 려	行旅(행려) 商旅(상려)	旅行(여행) 旅客(여객)
	力	힘 력	强力(강력) 全力(전력)	力技(역기) 力道(역도)
	歷	지날 력	年歷(연력) 學歷(학력)	歷史(역사) 歷代(역대)
	練	익힐 련	訓練(훈련) 調練(조련)	練習(연습) 練兵(연병)
	令	하여금 령	命令(명령) 傳令(전령)	令望(영망) 令名(영명)
	領	거느릴 령	首領(수령) 大領(대령)	領土(영토) 領海(영해)
	禮	예도 례	敬禮(경례) 朝禮(조례)	禮節(예절) 禮式(예식)
	例	법식 례	事例(사례) 前例(전례)	例外(예외) 例文(예문)
	流	흐를 류	上流(상류) 下流(하류)	流行(유행) 流水(유수)
	類	무리 류	種類(종류) 人類(인류)	類例(유례) 類別(유별)
	理	다스릴 리	心理(심리) 代理(대리)	理由(이유) 理科(이과)
	利	이로울 리	實利(실리) 有利(유리)	利害(이해) 利己(이기)
	里	마을 리	洞里(동리) 村里(촌리)	里長(이장) 里民(이민)
	林	수풀 림	山林(산림) 農林(농림)	林業(임업) 林間(임간)
ㄹ → ㄴ	落	떨어질 락	村落(촌락) 部落(부락)	落花(낙화) 落葉(낙엽)
	樂	즐길 락	安樂(안락) 苦樂(고락)	樂園(낙원) 樂天(낙천)
	朗	밝을 랑	明朗(명랑) 晴朗(청랑)	朗讀(낭독) 朗朗(낭랑)
	來	올 래	去來(거래) 到來(도래)	來年(내년) 來客(내객)
	冷	찰 랭	寒冷(한랭) 冷冷(냉랭)	冷水(냉수) 冷風(냉풍)
	老	늙을 로	村老(촌로) 敬老(경로)	老人(노인) 老少(노소)
	勞	일할 로	過勞(과로) 苦勞(고로)	勞動(노동) 勞作(노작)
	路	길 로	道路(도로) 鐵路(철로)	路線(노선) 路上(노상)
	綠	푸를 록	草綠(초록) 新綠(신록)	綠色(녹색) 綠葉(녹엽)
ㄴ → ㅇ	女	계집 녀	長女(장녀) 下女(하녀)	女子(여자) 女性(여성)
	年	해 년	今年(금년) 來年(내년)	年初(연초) 年末(연말)
	念	생각 념	記念(기념) 無念(무념)	念願(염원) 念讀(염독)

200

두음 법칙(頭音法則)에 따라 독음을 바르게 쓰세요.

善良	不良	良心	良品
小量	輕量	量産	量感
行旅	商旅	旅行	旅客
强力	全力	力技	力道
年歷	學歷	歷史	歷代
訓練	調練	練習	練兵
命令	傳令	令望	令名
首領	大領	領土	領海
敬禮	朝禮	禮節	禮式
事例	前例	例外	例文
上流	下流	流行	流水
種類	人類	類例	類別
心理	代理	理由	理科
實利	有利	利害	利己
洞里	村里	里長	里民
山林	農林	林業	林間
村落	部落	落花	落葉
安樂	苦樂	樂園	樂天
明朗	晴朗	朗讀	朗朗
去來	到來	來年	來客
寒冷	冷冷	冷水	冷風
村老	敬老	老人	老少
過勞	苦勞	勞動	勞作
道路	鐵路	路線	路上
草綠	新綠	綠色	綠葉
長女	下女	女子	女性
今年	來年	年初	年末
記念	無念	念願	念讀

5급 한자 총정리

동자 이음어(同字異音語)

같은 글자인데 쓰임에 따라 읽는 소리와 뜻이 달라지는 글자를 동자 이음어라고 합니다.

車	수레 거	自轉車(자전거)　人力車(인력거)
	자동차 차	汽車(기차)　電車(전차)　自動車(자동차)
金	쇠 금	黃金(황금)　入金(입금)　賞金(상금)
	성 김	金庾信(김유신)　金校長(김교장)
行	다닐 행	行動(행동)　行路(행로)　流行(유행)
	줄 항	行列(항렬)
度	법도 도	度量(도량)　程度(정도)　角度(각도)
	헤아릴 탁	度地(탁지)
參	석 삼	參萬(삼만)　參億(삼억)
	참여할 참	參加(참가)　參席(참석)　同參(동참)
省	살필 성	反省(반성)　自省(자성)　歸省(귀성)
	덜 생	省略(생략)　省禮(생례)
宿	잘 숙	下宿(하숙)　宿食(숙식)　路宿(노숙)
	별자리 수	星宿(성수)
識	알 식	知識(지식)　學識(학식)　識別(식별)
	기록할 지	標識(표지)
北	북녘 북	南北(남북)　北韓(북한)　北門(북문)
	달아날 배	敗北(패배)
惡	악할 악	惡人(악인)　最惡(최악)　惡童(악동)
	미워할 오	憎惡(증오)
樂	즐길 락	娛樂(오락)　行樂(행락)　樂園(낙원)
	풍류 악	音樂(음악)　樂器(악기)　樂曲(악곡)
	좋아할 요	樂山樂水(요산요수)

한자어 독음 쓰기(1)

(1,820 단어)

家具		江北		擧動		敬意		固有	
家門		江山		擧手		敬愛		固定	
家業		强國		擧事		競技		固體	
家長		强軍		擧行		競爭		固着	
家庭		强大		去來		競賣		考査	
家族		强力		建國		競合		考案	
家訓		强弱		建立		景致		苦待	
家屋		强者		建物		景觀		苦生	
加入		强風		健兒		計算		苦心	
加工		强行		健全		計定		苦言	
加速		强打		健在		計量		曲線	
加重		强要		格式		計數		空氣	
加害		改名		格言		古家		空軍	
可能		改良		見學		古今		空席	
可決		改正		決定		古木		空中	
可望		改善		決心		古堂		空間	
價格		開發		決勝		古物		空然	
歌曲		開校		結果		古典		工具	
歌手		開門		結末		古鐵		工科	
歌唱		開放		結成		高級		工事	
各國		開始		結束		高熱		工業	
各自		開業		結實		高等		工作	
各界		開通		結合		高山		工場	
角度		開學		輕量		高位		工夫	
間食		開場		輕重		高速		功勞	
感動		客室		敬老		告發		功臣	
感化		客車		敬禮		告別		公開	
江南		客地		敬語		告白		公共	

5급 한자 총정리

한자어 독음 쓰기 (ㄱ)

公立		觀戰		口頭		軍卒		氣分	
公式		廣告		口傳		郡界		氣色	
公主		廣場		口號		郡民		氣運	
公平		廣野		口令		貴族		氣合	
公約		廣大		舊式		貴人		旗手	
公示		光明		舊都		貴重		技能	
公的		光線		舊面		規定		技術	
共同		交感		救出		規則		期間	
共生		交友		救國		近世		期約	
共學		交代		救命		近代		基金	
過去		交戰		區分		近方		基本	
過勞		交通		區別		近來		基地	
過食		校歌		國歌		根本		基調	
過失		校門		國家		金言		記事	
過速		校旗		國交		金銀		記入	
科目		校長		國軍		今年		記者	
科學		校訓		國力		今日		記號	
果木		教練		國立		給食		記念	
果樹		教室		國民		給仕		吉日	
果實		教育		國史		給料		吉凶	
果然		教壇		國土		給水		落書	
課外		教人		國花		級數		落水	
課題		教會		國會		急死		落花	
課長		教訓		軍力		急行		落選	
關心		教材		軍歌		急速		落葉	
關節		教卓		軍人		汽車		落第	
觀光		球技		軍樂		汽船		落島	
觀客		球形		軍令		氣力		落心	

한자어 독음 쓰기(3)

樂園		老父		團體		對答		獨立	
南山		老患		團合		對等		獨學	
南向		勞動		壇上		對比		獨食	
南韓		勞苦		談話		對立		獨唱	
南門		勞作		答禮		對面		東門	
南江		路面		答信		德望		東方	
男女		路線		當日		德行		東洋	
男兒		綠色		當番		道路		東窓	
男子		綠葉		當選		道理		東海	
男便		綠林		當然		道德		同感	
朗讀		綠樹		大門		道立		同等	
朗朗		農家		大學		道場		同色	
內査		農村		大小		道具		同時	
內面		農民		大人		到來		同心	
內部		農事		大雪		到着		同族	
內服		農樂		大賞		都市		同窓	
內心		農藥		大魚		都心		同類	
內外		農場		大橋		都賣		同情	
內衣		農業		大量		圖面		洞里	
內定		能力		大陸		圖書		洞民	
來年		多事		大吉		圖章		洞長	
來世		多數		大寒		圖形		動力	
來日		多幸		大敗		圖表		動作	
冷水		多福		待望		度數		動物	
冷待		短命		待人		讀書		童話	
冷戰		短期		代身		獨島		童心	
老人		團結		代表		獨身		頭目	
老少		團長		代理		獨子		頭角	

5급 한자 총정리

한자어 독음 쓰기(4)

登校		面長		木板		問題		發光	
登山		面民		木工		問病		發動	
登場		面前		木手		問責		發生	
等級		名山		木花		物件		發言	
等位		名曲		木葉		物價		發展	
等數		名馬		目的		物質		發電	
等外		名士		目禮		美人		發車	
馬夫		名節		目前		美女		發表	
馬車		名門		無事		美國		方式	
馬耳		名言		無明		美男		方法	
萬年		名人		無心		美談		方向	
萬歲		名作		無識		美德		放任	
萬物		名畫		無罪		米飮		放學	
萬能		名品		無效		民心		放出	
末年		名筆		無念		民家		倍加	
末期		明白		門下		民族		倍前	
末世		明月		門前		民主		倍量	
亡身		明朗		門間		民願		白馬	
亡國		明堂		文人		民話		白旗	
亡命		明太		文壇		半年		白軍	
賣買		命令		文學		半島		白木	
賣物		母校		文集		半月		白雲	
賣店		母女		文章		半數		白衣	
賣出		母性		文字		班長		白線	
買入		母親		文書		班名		白晝	
每年		母子		文化		班別		白紙	
每日		母情		問答		發見		白米	
每事		木材		問安		發明		白色	

한자어 독음 쓰기(5)

百年		福人		不利		士兵		上級	
百姓		福音		不買		査定		上席	
番地		福德		不安		寫書		上衣	
番號		服用		不明		寫本		上下	
法規		本部		不運		寫生		上流	
法則		本家		不幸		使命		上陸	
法典		本國		不和		使臣		上京	
法堂		本店		不吉		使用		商業	
法令		本社		不具		使者		商店	
法院		本心		比例		思考		商品	
變化		本人		比重		死別		商人	
變心		奉仕		比等		死者		生計	
變質		奉養		鼻音		死亡		生氣	
別名		奉命		費用		死因		生命	
別食		父母		氷山		山間		生物	
別表		父親		氷水		山川		生死	
病院		父子		氷河		山村		生活	
病者		父女		事件		山行		生産	
病名		部分		事實		山河		西門	
病色		北韓		事變		算出		西山	
病死		北方		事業		産業		西洋	
病弱		分家		事由		三角		西海	
病室		分店		事例		相談		序文	
兵士		分數		社長		相對		書記	
兵卒		分量		社屋		相面		書堂	
兵力		分班		社會		相關		書店	
兵船		分別		社交		賞品		書信	
兵法		不可		社訓		賞金		書畵	

5급 한자 총정리

한자어 독음 쓰기 (6)

夕後		仙藥		所聞		樹立		市立	
夕陽		線路		所重		樹林		市場	
石工		說明		所望		樹木		始作	
石手		說敎		所願		宿題		始終	
石橋		雪景		消失		宿命		始初	
石炭		雪風		消化		宿食		始動	
石物		性急		消火		順序		始祖	
石油		性質		消風		順理		食堂	
席上		性格		速度		順番		食費	
善良		性別		速力		順調		食事	
善行		姓名		孫子		順位		食用	
善意		成功		孫女		術數		食卓	
鮮明		成果		首席		習字		食前	
選擧		成人		首領		習作		食後	
選出		洗手		首都		勝利		識別	
選定		洗面		首相		勝敗		識者	
選手		洗練		首位		勝算		識見	
先金		洗車		水軍		勝者		植木	
先生		世界		水力		勝戰		植樹	
先頭		世上		水道		時價		植物	
先着		歲月		水害		時間		式場	
先祖		歲入		水災		時計		身分	
先手		小人		水路		時期		身體	
先唱		小說		水面		時代		身長	
船首		少年		水平		時日		臣下	
船室		少女		數字		市內		神童	
船長		所感		數學		市外		神仙	
仙女		所有		數萬		市長		神話	

한자어 독음 쓰기 (ㄱ)

信望		心弱		藥水		言語		念願	
信用		兒童		藥物		言約		葉書	
信任		惡人		藥效		言爭		英才	
新年		惡童		藥用		言行		英國	
新正		惡漢		藥局		業體		英雄	
新聞		惡法		弱小		業所		永住	
新藥		惡質		弱體		女子		永遠	
新車		惡名		約束		女兒		領海	
新作		案內		養魚		女人		領內	
新人		案件		養育		女性		領空	
實費		案出		養成		旅客		領土	
實話		安心		洋服		旅行		禮物	
實用		安全		洋式		旅路		禮服	
實行		愛國		洋食		力道		禮式	
室內		愛校		洋屋		力說		禮節	
室外		愛讀		洋藥		力作		例外	
室長		愛人		陽地		歷史		午前	
室溫		愛族		良家		歷代		午後	
失禮		愛情		良心		歷任		屋上	
失敗		夜間		良質		年初		屋內	
失手		夜食		良民		年末		屋外	
失明		夜行		語學		年歲		溫氣	
失望		野球		魚類		年間		溫度	
失業		野山		漁船		練習		溫水	
心情		野外		漁民		練兵		溫冷	
心氣		野生		漁村		熱中		溫室	
心身		野心		漁夫		熱心		完成	
心理		野人		億年		熱氣		完全	

5급 한자 총정리

한자어 독음 쓰기 (8)

完敗		勇士		原因		育兒		以後	
王家		勇戰		原料		銀行		以下	
王室		牛馬		原則		銀色		耳目	
王族		雨天		原始		音樂		耳鼻	
王位		雨衣		月光		音色		利子	
王者		雨期		月色		音訓		利害	
王子		右手		月給		音量		人間	
外國		右便		偉人		飮食		人格	
外交		雲集		偉業		飮料		人口	
外面		雲山		偉大		飮水		人氣	
外家		運動		流失		邑內		人道	
外部		運行		流水		邑長		人力	
外孫		運用		流通		衣服		人名	
外食		雄大		流行		意氣		人命	
外出		雄圖		有心		意思		人類	
要領		遠近		有利		意見		人物	
要件		遠洋		有色		意外		人夫	
要因		遠足		有名		意中		人魚	
要約		遠行		有力		意向		人事	
曜日		院兒		有害		意圖		人心	
料金		院長		有罪		醫科		人情	
料理		園長		由來		醫書		人形	
浴室		願書		油價		醫術		人種	
用水		願望		陸橋		里長		一致	
用件		元氣		陸地		理科		日記	
用意		元祖		陸軍		理由		日氣	
用紙		元老		陸上		以來		日本	
勇氣		元年		育成		以前		日時	

한자어 독음 쓰기(ㅈ)

日字		自由		再考		典當		定價	
日出		自宅		再會		展示		庭球	
日課		作家		再發		展開		庭園	
任命		作業		材料		展望		題目	
任用		作品		材木		戰果		題材	
林業		作用		財物		戰船		第一	
入口		作成		財産		戰線		弟子	
入室		作別		財力		戰術		調査	
入浴		作曲		貯金		戰爭		調和	
入學		昨今		貯水		戰時		調理	
入院		昨年		赤色		戰車		調書	
入場		昨日		的中		戰後		祖國	
入會		長男		電氣		節約		祖父	
立春		長女		電力		切實		祖母	
子女		長短		電信		切親		祖上	
子孫		長期		電車		正答		操作	
字數		長大		電算		正式		操業	
字形		長身		電話		正道		操練	
字典		場內		電線		正面		朝夕	
自己		場面		前後		正午		朝會	
自動		場所		前年		正直		朝鮮	
自白		場外		傳說		停止		朝野	
自省		才人		全國		停電		朝食	
自習		在學		全力		停戰		足球	
自身		在席		全體		停年		卒業	
自信		災害		全部		停會		卒兵	
自然		再建		全身		情景		種子	
自他		再選		全心		定立		種目	

5급 한자 총정리

한자어 독음 쓰기(1ㅁ)

終決		晝食		直角		川魚		初期	
終末		晝夜		直線		千年		初面	
終身		中間		直行		千字		初代	
左手		中心		直言		鐵橋		初級	
左右		中國		直後		鐵板		寸數	
左便		中立		質問		鐵門		村老	
罪人		中年		集中		鐵路		村夫	
罪惡		中止		集合		鐵道		最初	
罪名		重力		集會		靑軍		最高	
主力		重量		車內		靑色		最古	
主人		重要		車道		靑春		最新	
主客		重油		車窓		靑雲		最大	
主動		重用		着手		淸明		最長	
主食		重責		着服		淸水		最善	
州郡		重臣		着席		淸風		秋夕	
州都		重病		着陸		體力		秋風	
住民		地球		着實		體格		祝歌	
住所		地圖		參加		體操		祝福	
住宅		地面		參席		體育		祝電	
注目		地方		參戰		體重		祝典	
注文		地上		窓口		體溫		春風	
注油		地下		窓門		體質		春花	
注意		地表		責任		草木		出口	
週日		知識		責望		草食		出發	
週初		知己		天國		草案		出入	
週中		知人		天使		草根		出他	
週末		知面		天地		草原		出國	
晝間		知能		天然		初等		出産	

한자어 독음 쓰기(11)

出現		通行		筆記		學生		合計	
出戰		通話		筆順		學力		合格	
出席		通知		筆者		學歷		合心	
出生		特級		必讀		學習		合力	
充當		特別		必要		學者		合同	
充分		特急		必勝		學費		合作	
充實		特命		必死		學院		合唱	
充足		特待		河口		學風		海流	
致死		特色		河川		學會		海路	
親舊		特技		下衣		寒冷		海軍	
親母		板書		下水		寒風		海洋	
親父		敗者		下車		寒心		海物	
親孫		敗因		下落		韓國		海草	
親庭		敗北		下級		韓服		海女	
親族		敗戰		下流		韓人		行方	
親和		便利		下宿		韓族		行動	
親切		平等		下人		漢文		行人	
他校		平面		下山		漢字		行路	
他人		平和		下船		漢語		行軍	
卓見		平野		夏冬		漢藥		行事	
卓球		表紙		夏期		合致		幸福	
打者		表面		夏節		合意		幸運	
太陽		表現		學友		合宿		現代	
太平		品切		學區		合席		現世	
宅地		風力		學科		合算		現物	
土地		風車		學校		合法		現場	
通信		風速		學級		合理		現在	
通路		風雪		學年		合流		現金	

5급 한자 총정리

한자어 독음 쓰기(1긴)

兄弟		活字		後面		强大國		多角形	
形成		活用		後門		强行軍		短時日	
形便		活路		後半		開校式		短期間	
湖水		活力		後日		開學式		團體戰	
湖心		黃牛		訓放		開業式		大部分	
號令		黃金		訓話		計算書		大西洋	
號外		黃色		訓示		古書畫		大學校	
火急		黃土		訓練		苦學生		大學生	
火山		黃海		訓音		工作室		代表作	
火力		會見		訓育		空中戰		待合室	
火災		會社		訓長		公文書		對角線	
花信		會合		休日		公信力		都心地	
花草		會長		休養		公休日		都會地	
花園		會場		休業		功名心		都邑地	
花壇		會談		休紙		共同體		圖畫紙	
話術		會食		休戰		果樹園		讀書會	
話題		孝女		休會		科學室		讀後感	
和平		孝行		休學		科學者		東洋畫	
和合		孝心		凶計		觀光客		東洋人	
畫風		孝道		凶作		校長室		同門會	
畫面		孝子		凶年		敎科書		同窓會	
畫紙		效力		凶惡		敎育的		同族愛	
畫室		效果		黑人		敎育長		動物園	
畫家		效用		黑板		救急車		東洋史	
患者		效能		黑色		軍事力		登山路	
患部		後任		黑白		軍賣店		萬年雪	
活氣		後孫		黑心		老弱者		名勝地	
活動		後年		黑炭		農作物		無人島	

한자어 독음 쓰기 (13)

文學家		水平線		外孫子		入學式		千字文	
文化財		思考力		外三寸		自家用		體溫計	
問題集		樹木園		運動場		自動車		體育會	
美國人		勝利者		運動服		自動化		出入口	
民族性		植木日		原始人		自信感		出入國	
反省文		食用油		原始林		作業場		出入門	
反作用		新世界		原動力		作曲家		太白山	
半萬年		新入生		原産地		在學生		太平洋	
放學式		新聞紙		有名人		再活用		土産品	
白頭山		失業者		流行歌		赤信號		通行料	
別天地		愛國心		流行病		前半戰		下半身	
不在中		愛校心		育成會		全世界		下水道	
不公平		愛國歌		銀河水		展示會		下等品	
不分明		愛國者		銀世界		電算化		下宿費	
不具者		愛讀者		音樂家		電動車		下級生	
不平等		夜市場		音樂會		終着地		海水浴	
社長室		野球場		飮料水		主動者		學校長	
社會人		野心作		飮食物		注油所		學習紙	
使命感		弱小國		飮食店		中心地		學生服	
山水畵		洋食堂		衣食住		中立國		韓國人	
三角形		養魚場		利己心		中學校		行事場	
上半身		旅客船		人類愛		中學生		行先地	
上水道		年長者		日光浴		重工業		現代人	
生命力		英國人		日本人		地球村		現代史	
生物學		英雄傳		日本語		地平線		現住所	
西大門		禮式場		入場料		地下道		活動力	
西洋人		溫度計		入場式		地下鐵		後半戰	
先入見		外國人		入學金		知識人		休養地	

지경사 '프리미엄 세계 명작'

시간과 공간을 뛰어넘어 사랑받는 영원한 세계의 고전!
곁에 두고 읽기 좋은 초등 학생용 베스트 명작 모음

어린 시절에 읽은 명작의 감동은 평생 동안 가슴에 남아 정서를 풍요롭게 해줍니다. '프리미엄 세계 명작' 시리즈는 시공을 초월해 전 세계인에게 사랑받는 명작 중 30권을 엄선하여 구성했습니다. 상상력을 더해주는 풍부한 삽화와 주요 등장인물 소개, '작가와 작품에 대하여'가 수록되어 있습니다.

프리미엄 세계 명작 (전 30권)

1 안네의 일기 안네 프랑크 원작
2 마지막 수업 알퐁스 도데 원작
3 장 발장 빅토르 위고 원작
4 삼총사 알렉상드르 뒤마 원작
5 로빈슨 크루소 다니엘 디포 원작
6 마지막 잎새 오 헨리 외 원작
7 사람은 무엇으로 사는가 톨스토이 원작
8 로미오와 줄리엣 셰익스피어 원작
9 톰 아저씨의 오두막집 해리엇 비처 스토 원작
10 베니스의 상인 셰익스피어 원작
11 어린 왕자 생텍쥐페리 원작
12 오페라의 유령 가스통 르루 원작
13 톰 소여의 모험 마크 트웨인 원작
14 셰익스피어 4대 비극 셰익스피어 원작
15 파브르 곤충기 앙리 파브르 원작

16 비밀의 화원 프랜시스 엘리자 버넷 원작
17 키다리 아저씨 진 웹스터 원작
18 탈무드 이효성 엮음
19 몽테크리스토 백작 알렉상드르 뒤마 원작
20 허클베리 핀의 모험 마크 트웨인 원작
21 15소년 표류기 쥘 베른 원작
22 바람과 함께 사라지다 마거릿 미첼 원작
23 해저 2만 리 쥘 베른 원작
24 80일간의 세계 일주 쥘 베른 원작
25 돈 키호테 세르반테스 원작
26 소공녀 프랜시스 엘리자 버넷 원작
27 로빈 후드의 모험 하워드 파일 원작
28 제인 에어 샬롯 브론테 원작
29 폭풍의 언덕 에밀리 브론테 원작
30 작은 아씨들 루이자 메이 올코트 원작